歴史文化ライブラリー

407

将門伝説の歴史

樋口州男

吉川弘文館

目 次

語りつがれる将門――プロローグ

名作『五重塔』などをのこした文豪幸田露伴《こうだろはん》が史伝『平将門』を雑誌『改造』に発表したのは、大正九年（一九二〇）のことである。

幸田露伴と将門

平将門といえば、平安時代中期（一〇世紀前半）、下総北部を本拠地として勢力を張り、坂東《ばんどう》諸国の国司を追放してみずから新皇《しんのう》と称し、坂東の地に王城（都）までも建設しようとしたが、一族の平貞盛や下野《しもつけ》の豪族藤原秀郷《ふじわらのひでさと》らに攻められ、敗死した武将である。

以来、この中央政府や坂東諸国の人々に大きな衝撃を与えた将門をめぐっては、時代・地域によって「叛逆者・謀叛人」と「民衆の英雄・味方」とを両極として、さまざまな評価・伝説が語りつがれていくことになるが、なかでも明治期に入ってから、小学校歴史教科書などを中心に、朝威を軽んじて謀叛を起こし、皇位をうかがった叛逆者として厳しい批判にさらされたことは、よく知られている。

しかし、そうした風潮にもかかわらず、露伴は将門について、「一体将門は気の毒な人である」と書く。露伴によれば、「大日本史《だいにほんし》には叛臣伝に出されて、日本はじまつて以来の不埒者《ふらちもの》に扱はれてゐるが、ほんとに悪《にく》むべき窺窬《きゆ》の心をいだいたものであらうか。（中略）先づそこから出立して考へて見ること」が大切で、「事跡からのみ論じて心理を問はないのは、乾燥派史家の安全な遣り方であるにせよ、情無いこと」（岩波書店刊『露伴全集』第一六巻、一九五一年）だということになる。文中、『大日本史』は徳川光圀《とくがわみつくに》の命で編纂された歴史書、窺窬・覬覦《きゆ》は大それたことをうかがいねらうことの意であるが、それでは、露伴がこのように将門を弁護する根拠は何か。その一つとみられるのが次の一節である。

古《いにしえ》より今に至るまで、関東諸国の民、あすこにも此所《ここ》にも将門の霊を祀《まつ》つて、隠然として其の所謂《いわゆる》天位の覬覦者たる不届者に同情し、之を愛敬してゐることを事実に示してゐる。此等は抑々《そもそも》何に胚胎《はいたい》してゐるのであらうか。又抑《そも》何を語つてゐるのだらうか。たゞ其の驍《ぎょう》勇慓悍《ゆうひょうかん》をしのぶためのみならば、然程《さほど》にはなるまいでは無いか。考へどころは十二分にある。

露伴は、昔から今に至るまで関東地方の民が将門の霊を祀り、これを「愛敬」してきた事実に注目し、そこから世に言うような「天位の覬覦者たる不届者」ではすますことのできない将門を見い出したのである。すなわち露伴の将門弁護の根拠の一つは、将門を敬慕する伝説の広範な分布とそれへの関心にあったといえよう。

織田完之と将門の故跡

ところで、露伴が関東各地の民の間で語り伝えられていた将門敬慕の話について注目するようになった契機としては、明治四〇年（一九〇七）に刊行された織田《おだ》完之《かんし》『平将門故蹟考』（碑文協会、のち昭和四八年〈一九七三〉に崙《ろん》書房より復刊）との出会いが考えられる。露伴は『平将門』の中で、当時の将門＝叛臣論の風潮に不服を唱えるものの具体例として、「現に明治年間には大審院《だいしんいん》、控訴院《こうそいん》、宮内省《くないしょう》等に対して申理を求めんとした人さへあつた」（大審院・控訴院は、それぞれ現在の最高裁判所・高等裁判所）と述べているが、その人物こそ、当時、東京大手町の大蔵省構内にあって、平将門の墳墓と伝えられていた古塚についての由来を説き、また関東各地の将門ゆかりの遺跡・伝説を調査・紹介した『平将門故蹟考』の著者織田完之であったことは、ほぼ同じ内容の記述が同書の「跋《ばつ》」（あとがき）にみえていることからもわかる。この織田完之および『平将門故蹟考』の詳細については、のちに展開することにして、ここではとりあえず、その「跋」の要旨を紹介し、同書の意義について簡単に触れておきたいと思う。

私は先に天慶《てんぎょう》三年（九四〇）六月に書かれた大須本『将門記』の注解を行ったが（明治三八年、織田があらたに国宝に指定された名古屋市大須観音宝生院真福寺文庫所蔵の『将門記』に関する注解書『国宝将門記伝』を出版したことを指す……筆者注）、そのさい、これほど将門に近い時代のものはなく、また詳しく書かれたものがないことに感じ入った。

もっとも『将門記』にしても、巻首が欠けていることなど不備な点はいろいろとある。しかし、それでも信じるに足ることは実に多いのである。それにひきかえ、百三十余年後にまとめられた『今昔物語集』をはじめ、将門に関して信頼できる書物は一つとしてない。このため将門は無実の罪をきせられ、見識ある人によって正しい裁きもなされないまま、九六七年もの歳月が過ぎたのである。

このことに憤慨した私は、はじめ大審院・控訴院の両院長に対し、将門の冤罪についての審理を要求したが、現在の人物ならばともかく歴史上の人物は不可として却下された。また宮内省にも審理を求め、さらに帝国大学史料編纂掛や文学博士らのもとへも訪れたが、はかばかしい回答を得ることはできなかった。そこで私は、みずから将門の冤罪を解き、千年の歴史をただすことに決め、日々、事実をしらべ、地理をさぐり、文書を照合することに力を注いだ。その結果、しだいに将門の故蹟が明らかになり、私の胸中に並ぶようになったので、本書を著すことにしたのである。

『平将門故蹟考』刊行当時、すでに六六歳になっていた織田完之が――年齢は数え年。なお織田は明治新政府の大蔵・内務・農商務省に奉職後、明治二五年に公職を辞していた――、なぜ将門雪冤運動に奔走するに至ったかなどについても後段で述べるが、いずれにしても彼が将門弁護の武器として、根本史料の『将門記』のほかに関東各地の将門故跡に注目し、これを調査・記録したことの意味は大きい。それ以後、太平洋戦争終結までにおける朝敵将門の弾圧政策、戦後の急速な国土開発、および度重なる自然災害等々により、多くの将門故跡が失われ、その姿を変えていったからである。

将門の首塚

『平将門故蹟考』の中から具体的な事例を一つだけあげておこう。先に織田完之がその由来を説いたとした当時の大蔵省構内の古塚とは、都でさらされた将門の首が東国に飛び帰り、ここに落ちて葬られたという、現在も千代田区大手町のビル街にあって手厚い扱いをうけている将門の首塚のことであるが、同書には、この首塚の当時の様子を描いた次のような図1と文章が載せられている（ルビ追加、語句の注記、句読点は筆者）。

　大蔵省玄関の前に古蓮《はす》池あり。由来是《これ》を神田明神の御手洗《みたらい》池なりと伝ふ。池の南少し西に当りて将門の古冢《ちょう》（古い塚）あり。高凡《およそ》二十尺（約六メートル）、週《マヽ》（周カ）廻十五間《けん》（約二七メートル）許《ばかり》。其《そ》の冢の傍《かたわ》ら古蓮池に沿て樅木《もみのき》の巨大なる枯幹《かれき》あり。古への神木なりと伝ふ。東より西に向て苔石《たいせき》（こけむした石）数級（段）を登れば老桜樹あり。枝を交へて右に聳《そび》へ、又老樅樹の大なるもの古冢の背を擁して立ち、其の他柯樹《しいのき》の老大なるものあり。森々鬱々《しんしんうつうつ》として日光を遮《さえ》ぎり、白昼も尚晦《なおくら》く、隠凄《いんせい》として鬼気人に迫るを覚ゆ。短籬《たんり》（低い垣根）を隔て南は内

図１　関東大震災以前の将門首塚（『平将門故蹟考』より）

務省なり。

図1と文章とが合わさって、すでに今日では失われてしまった恐ろしい気配がただよう神域の雰囲気を伝えてくれる貴重な情報であり、それゆえ、しばしば諸書にも引用されているものである。その影響力の大きさは、たとえば明治四〇年、まさに『平将門故蹟考』刊行の年、帝都東京に将門の怨霊が目覚めさせられてくるという、昭和六〇年代から平成初年（一九八五〜八九）にかけて出版され、ベストセラーとなった荒俣宏氏の長編小説『帝都物語』冒頭部分の舞台として、この首塚周辺の光景が描かれていることからもうかがわれる。なお『帝都物語』には織田完之や幸田露伴も関連人物として登場してくるのも興味深い。

将門伝説の拡がり

平成を迎える頃から、精力的に将門伝説の調査・収集・考察に取り組まれ、その成果を『平将門伝説』・『平将門―調査と研究―』（ともに汲古書院、二〇〇一・二〇〇七年）にまとめられた村上春樹氏の論考「将門伝説を探る」によると、現在、全国各地に伝えられている将門伝説は千五百五十余を数えるという（川尻秋生編『将門記を読む』吉川弘文館、二〇〇九年）。また、その村上氏は前記『平将門伝説』において、これら将門の滅亡後から始まる将門伝説を次のように分類されている。

一、冥界伝説……将門の冥界における伝説
二、調伏《ちょうぶく》伝説……将門を調伏した際の伝説

三、将門祭祀伝説……将門を神として祭祀した伝説
四、王城伝説……将門が建てた王城の伝説
五、首の伝説……将門の首の怪異伝説
六、鉄身伝説……鉄身の将門とその弱点の伝説
七、七人将門の伝説……将門の影武者（分身）伝説と妙見伝説・桔梗伝説など、その関連伝説
八、東西呼応伝説……将門・純友共謀伝説
九、親族の伝説……父母・兄弟・子などの伝説
十、追討者（秀郷・経基ら）の伝説

この村上氏の調査・分類からだけでも、長い歳月の間に積み重ねられてきた質量ともに豊かな将門伝説の世界をうかがうことができよう。本書は、織田『平将門故蹟考』、前記二書を含む村上氏の諸成果、さらに現在における将門伝説研究の骨子をつくりあげたとされている梶原正昭・矢代和夫両氏の名著『将門伝説―民衆の心に生きる英雄―』（新読書社、一九六六年。一九七五年新版刊行）をはじめとする先行研究に学びながら、とくに将門伝説が生み出され語られた時代、およびそれぞれの地域に焦点をあてて、この将門伝説の世界の一端に触れようとするものである。

それには、まず将門の乱そのものの記述から始めなければならない。

平将門の乱と『将門記』

将門の乱勃発

東西の反乱

平安遷都から約一五〇年をへた天慶二年（九三九）一二月も末のことである。都の人々を驚愕させる急報が信濃国からもたらされた。この年三月、武蔵介《むさしのすけ》源経基《みなもとのつねもと》によって、東国での不穏な動きを告発されていた平将門なるものが、ついに武力をもって上野《こうずけ》・下野《しもつけ》両国を攻略し、国司を追放したというのである。中央政府はただちに、信濃国に命じて軍兵を徴発し国境警備にあたらせることをはじめ、宮中や伊勢の鈴鹿《すずか》関、美濃の不破《ふわ》関、近江の逢坂《おうさか》関の三関《さんげん》、東海・東山両道の要害の警備を固めることなどを決定した。また翌天慶三年正月元日には恒例の宮中での音楽もとり止め、東海・東山・山陽道などの追捕使《ついぶし》（諸国の叛徒や盗賊・海賊らを鎮圧する軍事官）以下一五人を任命している。なお中央政府が講じた対応策は、こうした軍事面ばかりではなかった。正月三日の延暦寺・東寺などの八か所を皮切りに、兵乱鎮圧のための神仏への祈願も多くの社寺で実施されているのである。

ところで、ここで注意しておかねばならないのは、先述したように追捕使が東海・東山両道のほか山陽道にも派遣されていることである。それはほかでもない。前年末の信濃国からの急使到着と同じ頃、摂津国において備前介藤原子高《さねたか》らが前伊予掾《じょう》藤原純友配下の軍兵に襲われ、捕えられたとの知らせもまた、もたらされていたからである。政府は東の将門蜂起、西の純友蜂起という、まさに東西同時の反乱、いわゆる承平・天慶の乱への対応を迫られていたのである。なお、こうした状況下における驚愕・恐怖から、東西の反乱は将門・純友の共同謀議によるものとの噂が大乱勃発当時からささやかれているが、それがしだいに増幅されていく様子については、後述する。

もっとも同じく追捕使が派遣されることになったとはいえ、東国と西国とでは、その後の中央政府の対応ぶりは明確に異なっていた。まず西国の場合からみてみると、政府は、たしかに正月元日に山陽道追捕使として正五位下小野好古《おののよしふる》を任命し、その好古は同月一六日に京都を進発している。しかし四日後、将門鎮圧のために編成された征東軍の一員として、純友配下の藤原文元（先の藤原子高襲撃の中心人物）らを任じ、彼らを政府側に取りこもうとし、さらに一月末になると、純友自身に従五位下を授けることを決定しているのである。すなわち次にみるように、政府は東国の場合、きびしい強硬策＝将門追討策をもって臨んでいるのに対し、西国では、当初、いわゆる懐柔策をとっていたのである。

東国への対応

では、その東国であるが、正月一一日、政府は東海・東山両道諸国に太政官符を下して、将門の軍事行動を、「窺窬《きゆ》の謀《はかりごと》」ときめつけ、将門を討ち取った者には恩賞として五位以上の位階と子孫に伝えることのできる功田を、将門の副将を斬った者にはその勲功に応じて官位を与えることを約束し、広く「田夫野叟《でんぷやそう》」（在地の有力者＝土豪）に対して政府軍への参集を呼びかけている。こうした在地勢力への期待の大きさは、三日後の一四日、政府が将門の従兄弟にあたる平貞盛を常陸掾に、土着国司の子孫藤原秀郷を下野掾にといった具合に、坂東武士八人をそれぞれ坂東八か国の掾（守・介に次ぐ第三等官）に任命し、押領使《おうりようし》（九世紀以降、治安維持や反乱鎮圧のため、諸国に配置された官職）を兼帯させていることにもよくあらわれているが、この恩賞によって在地勢力を結集するという方針は見事にあたった。東国の「田夫野叟」にとって、官位と功田は十分に魅力的であり、以後、東国における将門追討の動きが急速に活発化していったからである。

さて政府は、こうして東国での兵力確保を進めるとともに、同月一九日、六八歳の参議藤原忠文を征東大将軍に任命し、その忠文は翌二月八日、節刀《せつとう》（天皇から委譲された最高軍事指揮官のシンボル）を賜わって京都を出発した。しかし征東大将軍の現地到着以前、すなわち忠文らが東海道を下っている途中、先の平貞盛・藤原秀郷らの在地勢力によって将門の乱は鎮圧された。二月一三日に将門が貞盛・秀郷らに射殺されたことを伝える、信濃国からの早馬が京都へ到着したのは、同月二五日のことであった。その後、三月九日には勲功の賞として貞盛に従五位上、秀郷に従四位下が与えられている。正月一一日の将門追討官符における約束は実行されたのである。さらに四月二五日、敗死した将門の首級が秀郷のもとから京に送られ、五月に入ると東市の樹にかけられている。なお残党掃討などの指揮にあたっていたとみられる征東大将軍藤原忠文が帰京して節刀を返上したのは、五月一五日のことであった。

将門の乱を語る史料

以上、一〇世紀前半、東西でほぼ同時に起こった反乱のうち、とくに東の将門の乱について、そのあらましを、この時期、摂政・関白や太政大臣の任にあった藤原忠平の日記『貞信公記抄《ていしんこうきしょう》』や平安後期成立の歴史書『日本紀略《にほんきりゃく》』、平安末期成立の藤原通憲《みちのり》撰『本朝世紀《ほんちょうせいき》』、そのほかの中央政府側の記録によって見てきた。しかし、そこに書き留められているのは、中央政府の反乱への対応、鎮圧の過程、乱後の論功行賞などといった政府側の視点にそったものに限られ、そもそも将門とは何者で、彼が反乱を起こすに至った動機・いきさつは何か、さらに反乱（合戦）の具体的な状況はどうであったかなどの肝腎な点についてはほとんど記されていないのである。なお、これらの史料、および後世の将門、将門の乱に関わる史料（文学作品等も含む）については、とくにことわらないかぎり財団法人千葉県史料研究財団編『千葉県の歴史　資料編・古代』（千葉県、一九九六年）、岩井市史編さん委員会編『平

将門資料集付・藤原純友資料』（新人物往来社、一九九六年）、林陸朗校注『将門記』（現代思潮社、一九七五年）を参照した。

一方、これに対し、反乱を起こした将門を主人公として、前半では将門とその伯父たちとの抗争という一族間の私闘を中心に描き、後半は私闘から将門の坂東制圧・新皇宣言といった国家への叛逆に至る経緯を叙述したのち、最後に戦死した将門が冥界から消息を告げてきたという後日譚で結んだ書物が伝えられている。先に織田完之も将門に関してもっとも信頼できる記録とした名古屋市大須観音宝生院真福寺文庫に所蔵されている『将門記』である。本書もテキストとして、この真福寺本を底本とする柳瀬喜代志・矢代和夫・松林靖明校注・訳『将門記』（新編日本古典文学全集『将門記・陸奥話記・保元物語・平治物語』小学館、二〇〇二年）を用いた。

『将門記』とその特色

このように『将門記』は、将門の乱の詳細を知ることができる貴重な史料ではあるが、その成立時期については、本文末尾近くの「天慶三年六月中記文」という文言に注目し、同年二月の将門戦死から四か月後の執筆とする説のほか、年時をそれより下げるべきだとする説もあり、詳細は不明である——真福寺本は、承徳三年（一〇九九）に書写されたもの——。また作者についても同様で、東国の事情や将門の動静に詳しいことから東国在住説、東国在住者では入手できない朝廷の記録とか坂東諸国や将門らの解文《げぶみ》（上申文書）が参照されていることから京都在住説、さらには京都と東国との往復可能な人物説など、諸説が対立している。こうした中、近年における注目すべき説として『将門記』の用語・表現・文体が、高校日本史教科書などでもおなじみの、永延二年（九八八）に尾張国の郡司・百姓らが国守藤原元命《もとなが》の暴政を朝廷に訴え、「吏（国府に官人として勤めるような人々）」のあるべき姿を重視し、民政の理念を説いている「尾張国郡司百姓等解」などに近似していることから、『将門記』を「吏の文学」とみなす佐倉由泰氏の説をあげておきたい（「文学からみた将門記」〈川尻編前掲書〉、『軍記物語の機構』汲古書院、二〇一一年。「尾張国郡司百姓等解」〈日本思想大系『古代政治社会思想』岩波書店、一九七九年〉）。

それでは『将門記』のあらすじを紹介しながら、その作者が将門および将門戦死に至るまでの相次ぐ合戦をどのように描こうとしたかをみていこう。

合戦の始まり

現存の『将門記』は冒頭部分を欠いているので、その抄略本である『将門略記』によって補うと、将門は桓武天皇の曾孫高望《たかもち》王の孫にあたるという。高望王とは臣籍に降って平氏を名のり、上総介として任国へ下向《げこう》し、のちに土着した人物である。将門の父は陸奥《むつ》鎮守府将軍の良持（良将とも）。下総《しもうさ》介の平良兼は将門の伯父であったが、延長九年（九三一）以来、この伯父と将門の間は「女論（女性をめぐる争い）」によって険悪なものになっていた。この点、平安後期の説話集『今昔物語集』には父良持の死後、その田畠をめぐって将門と良兼が合戦に及んだとあるが、いずれにしても良持亡きあと、将門と他の平氏一族との間に

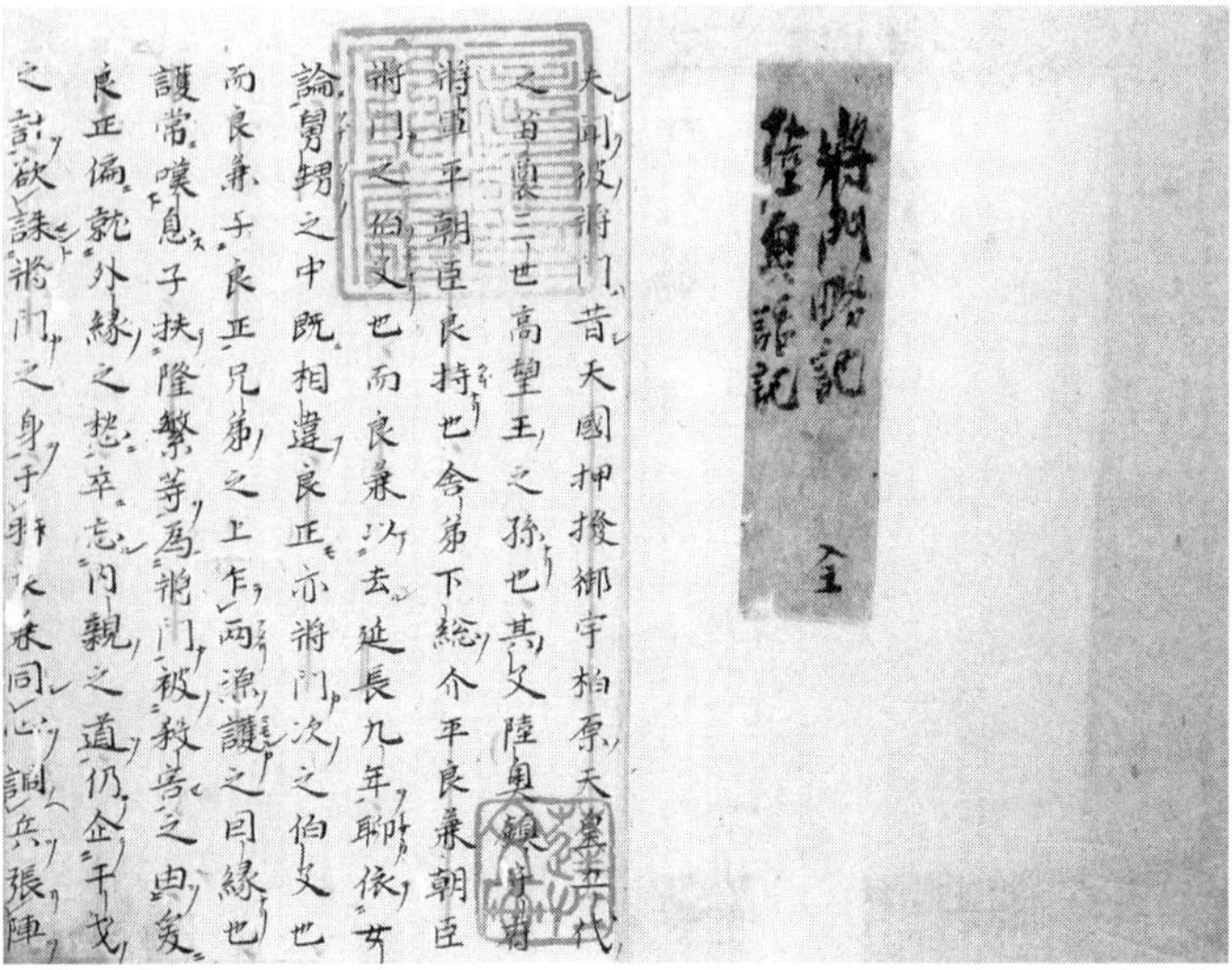

図２　蓬左文庫本『将門略記』冒頭（名古屋市蓬左文庫所蔵）

は対立状態が生じていたとみられる。

承平五年（九三五）二月、将門は常陸国において前常陸大掾源護《まもる》の子扶《たすく》らに襲撃されたが、これを退け、逆に護や護と姻戚関係にあった将門の伯父である常陸大掾平国香らの本拠地を焼き払い、扶ら護の三人の子や国香らを討った。現存『将門記』は、この承平五年の合戦から始まっているが、そこで強調されているのは、戦場となった地域の悲惨な状況である。すべての人家には火が放たれて、男も女も煙や火に巻かれ、さらには貴重な財宝も掠奪《りゃくだつ》されてしまう。そしてその有様を見た国庁の役人や一般の民はみな悲嘆にくれ、その話を聞いた遠近《おちこち》の身寄りや知人はみな嘆息したというのである。これらの叙述などから、先に『将門記』＝「吏の文学」説を唱えた佐倉氏は、『将門記』を合戦によって生命や生活を脅かされた被害者の立場に立つ文学であるともされるが、卓見である。

この合戦で敗死した伯父国香の嫡子がのちに将門を討つことになる貞盛である。当時、京都で公務についていた貞盛は父の悲報をうけて常陸へ帰ってくるが、注目すべきは『将門記』が、当初、貞盛には将門と戦う気持ちはなかったとしていることである。すなわち貞盛は、今度の騒動は源護一族と姻戚関係にあったことからその渦中に巻きこまれたにすぎず、将門は本来の敵ではないとして、自身は京都での公務に戻り、残された母や所領管理のためにも、坂東の将門とたがいに協力しあっていくことを考えていたというのである。

しかし事態は貞盛の思惑どおりには進まなかった。将門の伯（叔）父の一人平良正が、これも源護一族の縁者として将門を討つことに執念を燃やしていたのである。良正と将門は、先の合戦から八か月後、承平五年一〇月、常陸国新治《にいはり》郡川曲村で戦ったが、良正の負け戦となった。『将門記』は、この良正を「外戚（源護）の憂いのみを心にかけて、内親（将門）との深い関わりを忘れてしまった」と批判しているが、良正の執念は敗れていっそう深まった。良正は同じく源護の縁者となっていた兄の良兼——先述、「女論」によって将門と険悪な関係になっていた伯父——を頼り、良兼もこれに応じたのである。

翌承平六年六月、良兼は大軍を率いて上総《かずさ》・下総国を立ち、常陸国水守《みもり》で良正と合流後、貞盛とも対面し、これを説得して味方につけ、下野国へと向かった。ここでは良兼が上総・下総両国司の制止をふりきって出発したこと、貞盛の翻意が『将門記』作者の批判の対象となっている。

一方、良兼側の動きを察知した将門は、その実否を確認するため、わずか百余騎を率いて下野国境へ向かったところで良兼の大軍と遭遇し、合戦となるもこれを破り、下野国府に追い込んだ。しかし将門は、ここで骨肉の仲である良兼を討てば遠近の人々から非難をうけると考え、国庁の西方の陣を開いて良兼を逃がしたのち、良兼が「無道の合戦」を挑んできたことを周辺の国々に知らせ、またその旨を国庁の日記に記して本拠地へ帰っていった。『将門記』作者が、こうした勝利後における将門の慎重な措置を大いに評価していることは、「茲《これ》より以来《このかた》、更に殊《こと》なる事なし（特別な事件は起こらなかった）」と述べていることからもうかがわれる。

将門の上洛と敗戦からの再起

なお、この承平六年の一〇月、将門は急遽上京している。前年の源護一族との合戦につき、護の告訴状が中央政府（太政官）に提出されたためである。検非違使《けびいし》庁での尋問などの結果、重罪に処せられることもなく、またその微罪にしても、翌承平七年の朱雀《すざく》天皇元服の恩赦によって無罪となり、五月には帰国を許されている。『将門記』は、この上京に関しても、「犯す所軽きに准《なぞら》へて、罪過重からず。兵《つわもの》の名を畿内に振ひ、面目《めんぼく》を京中に施す」と、やはり将門に好意的である。

坂東に帰った将門を待っていたのは、将門によって下野国府からの脱出を許されたにもかかわらず、復讐の念に燃える良兼であった。八月、良兼勢は大軍をもって常陸・下野国境の子飼《こかい》の渡に攻め寄せ、合戦の準備が不十分な将門勢を敗走させ、下総国豊田郡内の将門の拠点や「百姓の舎宅」を焼き払った。良兼軍はこの合戦にあたり、先祖の高望王と故陸奥将軍平良茂（将門の父良持説、伯父国香説がある）の霊像を陣の先頭に掲げて将門勢を威圧したという。

　子飼の渡の合戦で敗れ、怨みを抱いた将門は、「兵の名」を後世に残そうと、同じく豊田郡の堀越《ほりこし》の渡に陣を構えて反撃に出たが、突然の発病（「脚病」＝脚気《かっけ》か）により、再び敗北を喫することになった。しかも非常の場合に備え、船に乗せて広河の入江に隠していた妻子や資財を奪われ、妻は上総国へ連れ去られてしまったのである――この妻は良兼の娘で、冒頭の「女論」は、彼女をめぐる将門と良兼の争いとみられている。なお翌九月、彼女は弟たちの計らいにより、将門のもとへ逃げ帰っている――。将門の怒りは尋常ではなく、両者の抗争はいよいよ激しさを増していくことになるが、『将門記』作者の眼は、「郡中（豊田郡）の稼穡《かしょく》（農作物）、人馬は共に損害せられぬ」と、しっかり被害者に向けられて動かない。

　妻の帰還からまもなく、将門は反撃に出た。兵士千八百余人をもって良兼の常陸国における本拠地・真壁郡服織《はとり》の宿を襲い、ついで良兼勢が隠れていた筑波山の東方弓袋《ゆぶくろ》山へ兵を進めたのである。しかし結局、当の良兼と遭遇できず、下総国へと戻ることになった。『将門記』が描く、戦場となった地域の荒廃ぶりは、先にも述べたところだが、今度の将門の軍事行動については、

「収穫された稲を深い泥の道に敷いて人馬をわたした」「秣《まぐさ》を与え過ぎたため一〇頭の牛が死に、酒に酔って七人の者が討たれた」「『幾千の舎宅』を焼き、『何万の稲穀』を使い物にならなくした」などと、その見方は一段と厳しくなっている。また戦場の兵士らが、「風雨」「蚊《か》や虻《あぶ》」「寒温（寒さ暑さ）」に苦しめられる描写も印象的である。

その後、一一月になると将門側を喜ばせる中央政府の命令、すなわち良兼・源護・貞盛らを追捕せよという官符が坂東諸国に下された。しかし国司らの動きは鈍く、また将門に対する良兼の敵愾心は募るばかりであった。

将門の駆使子春丸

良兼が将門を倒すためにとった次の計略は、将門側の事情に詳しい者を内通者として取り込み、その人物の手引きによって将門の本拠地を急襲しようというものであった。良兼が内通者として目をつけたのは、丈部子春丸《はせつかべのこはるまる》という将門の「駆使《くし》（走り使い）」。子春丸は良兼勢力圏の常陸国石田荘内の「田屋（居宅から離れた出作地を耕作するための小屋）」に関わりがあり、しばしば下総国豊田郡の「私宅」から通っていたという。

良兼から「もし将門殺害に成功すれば、穀米・衣服の恩賞はもちろん、荷物を運搬する苦しい仕事から自由にし、『乗馬の郎頭《ろうとう》（騎馬を許された上級の従者）』に取り立てる」と約束された子春丸の喜びは大きいものがあった。早速、彼は農夫姿となった良兼方の密偵とともに将門の本拠地である下総国の石井の営所（軍営）に炭を運び、兵具の置き場所、将門の寝所、東西の馬場、南北の出入口を確認させた。密偵の報告をうけた良兼が精兵八十余騎をもって石井の営所に夜襲をかけたのは承平七年一二月半ばのこと。しかし途中、夜襲の気配を察知して良兼勢の隊列に紛れ込んだ将門配下の兵からの急報により、将門側は将門の奮戦と一〇人に足りないわずかの兵の活躍で、これを撃退することができ、内通者子春丸も翌年正月早々、捕えられて殺されたという。

『将門記』作者が、農業に従事しながら将門側の雑用にもあたっていたという、丈部子春丸なる人物を登場させていることは見逃せない。戦いの中にあって、そこに巻き込まれていく庶民の姿が描かれているからである。また「将門眼《まなこ》を張り歯を嚼《か》むで、進みて以て撃ち合ふ。時に件《くだん》の敵等は楯を棄て雲の如くに逃げ散る。将門は馬に羅《かか》りて風の如くに追ひ攻む」などといった将門の奮戦ぶりを描いた箇所からは、たしかにこれまでも指摘されているように、後世の将門英雄伝説との関わりがうかがわれる。

貞盛の上洛

一族内の抗争が続く中、当初は将門との協調路線をとろうとしながらも、結局、良兼側の一員となっていた従兄弟の貞盛は、わが身をふり返り、かつてのように朝廷に出仕して栄達を望むことに決め、承平八年二月、東山道から京都へ向かった。貞盛は、この時、「『濫悪《らんあく》の地（悪のはびこる乱れた地）』を巡っていては、必ず『不善の名』が立つ」、すなわち良兼に従って行動していては悪い評判が立つと考えたという。貞盛も良兼側に非があるとみなしていたのである（前掲日本思想大系『古代政治社会思想』所収『将門記』頭注）。

貞盛が上洛の途についたことを知った将門は、朝廷に讒訴《ざんそ》されることを恐れ、百余騎の兵を率いて急ぎ追撃し、信濃の国分寺付近で追いつくことができた。しかし千曲川《ちくまがわ》一帯での激戦の末、貞盛を取り逃がしてしまう。一方、旅の食料を奪われた貞盛は、飢えと寒さの中、ようやくのことで上洛すると、早速、将門を太政官に訴えた。その結果、前年一一月に下された、良兼・貞盛らを追捕せよとの官符とは反対に、今度は将門の罪科を糾明せよとの天皇の裁定が関係諸国に下されることとなった。二人の立場は入れ替わったのである。

同年六月（五月に改元して天慶元年。しかし天慶二年説が有力）、貞盛は将門糾明の官符を手にして京から坂東へと戻ってきた。貞盛は京での栄達を願って上京するといいながら、結局、将門を訴えたことにより、あらためて対決の道を選ぶことになったのである。しかし貞盛を待っていたのは、苦難と忍耐の日々であった。将門は「弥《いよいよ》、逆心を施《ほどこ》して、倍《ますます》暴悪を為《な》す」という有様で、また一族内における将門の最大の敵良兼も死去してしまったからである（良兼死去も天慶二年とみられている）。そこで貞盛は親交のあった陸奥守平維扶《これすけ》に同行して奥州へ逃げようとしたが、これも将門に妨げられてしまう。ついに貞盛は常陸国内で身を隠さざるをえない状況に追い込まれたのである。

『将門記』がこれまで描いてきた、しだいに将門が一族内の対立・抗争＝私闘に巻きこまれていくいきさつは、ひとまずここで終わる。ついで『将門記』は、いよいよ新しい段階＝将門の国家に対する叛逆の段階へと入っていくが、そのように考える時、将門糾明の官符を手に貞盛が坂東に戻ってきた当時の将門について、作者が「逆心」「暴悪」なる言葉を用いはじめたことは興味深いものがあるといえよう（村上春樹『将門記　物語の舞台を歩く1』、山川出版社、二〇〇八年）。

私闘から叛逆へ

武蔵国の紛争

上洛途上の貞盛と、これを追撃した将門とが信濃国で合戦に及んだ承平八年二月、武蔵国では重大事件が起こっていた。『将門記』の表現を用いると、「無道を宗《むね》と為《な》す（道理にはずれた政治を行う）」国司と「正理《しょうり》を力と為す（道理を正しく守る）」郡司の争いである。国司の名は権守《ごんのかみ》（正員の守以外に任命されるかりの官）の興世王《おきよおう》と介《すけ》（次官）の源経《つね》基《もと》、郡司の名は足立《あだち》郡司武蔵武芝《むさしたけしば》。争いの内容は、公務に忠実で民を慈しみ育てるなど評判の高い郡司武芝に対し、興世王らは、これまでの国司の時にはなかった官物不足分の要求、租税納入遅延の譴責《けんせき》を行い、武力をもって足立郡に押し入り、郡司武芝の家宅や他の民家を襲って掠奪《りゃくだつ》をほしいままにしたというものである。

信濃から帰った将門が、この争いの調停に乗り出した。兵を率いて武蔵国へ向かった将門は、無事、興世王と武芝とを和解させたが、ここで問題が起こった。介の経基が、郡司武芝が将門・興世王を誘って経基を討とうとしていると疑い、京都へ逃れて将門・興世王らに謀叛の企てがあると奏上したのである。このため将門は、彼の私君である太政大臣藤原忠平《ただひら》に対し――後述の藤原忠平（もしくは忠平の四子師氏《もろうじ》）宛ての将門書状の中に、将門が少年時代に忠平に仕えていたことがみえる――、坂東《ばんどう》五か国から集めた解文《げぶみ》（上申書）を添えて謀叛が事実無根であることを言上して事無きを得た、というより、かえって威勢を振るうことになったという。

武蔵国の争いに対する『将門記』作者の立場は明らかである。先の国司・郡司に対する評言からして、痛烈に国司の悪政批判を展開したものだが、そのほか疲弊していく武蔵国の様子を憂えた「国の書生《しょしょう》（国庁で文書事務にあたった官吏）」たちに共感を寄せた記述も注目される。彼らは越後国で行われたという方法にならい、国司に失政を悔い改めるように勧めた文書一巻を作成して国庁の前に落としたというのである。この『将門記』作者が、紛争の調停に入ることにより、国司と争う郡司武芝を保護しようとする将門を好意的に描こうとするのも当然であろう。さらに先のように坂東五か国から将門を支持する上申書が出されたことを記し、介の経基を「未《いま》だ兵の道に練《ね》れず」と酷評した上、彼の未熟な行動で調停が不調に終わったことについても、これによって「濫悪《らんあく》を鎮め」ようとした将門の本意と喰い違ってしまったと述べているのである。

物を抱えこむことになった。武蔵国で悪政を行なっていた権守の興世王が、その後新たに赴任してきた国守百済貞連《くだらのさだつら》と不和になって「世を恨み」、将門のもとに身を寄せてきたのである。

興世王と玄明

武蔵国の紛争に介入したことにより、将門はその将来に大きく関わってくる人

興世王の下総国《しもうさ》「寄宿」に続いて、『将門記』には、将門がいよいよ謀叛へと動き始めるきっかけをつくった人物も登場してくる。常陸国の住人藤原玄明《はるあき》である。『将門記』によると、玄明らは、「国の乱人（秩序を乱す者）」で「民の毒害」となる盗賊同様の振舞いをしていた。たとえば租税を納めないばかりか、督促にきた国庁の使者を辱《はずか》しめ、弱い庶民に対しても掠奪行為を働いていたというのである。このため常陸国の長官藤原維幾《これちか》はたびたび官物を弁済すべしとの通達を出したが、玄明側がこれを無視して抵抗を続けるため、ついに追捕に踏み切ったところ、玄明は妻子を連れて将門の本拠地下総国豊田郡に逃げ込んでしまった。しかもその際には、常陸国行方《なめかた》・河内両郡の倉に蓄えられていた非常時用の穀物までも盗み出していったという。

将門は、この常陸国にとっては宿敵となり、郡のためには「暴悪の行い」をなす玄明を受け入れた。常陸国側から下総国および将門に対して、玄明を捕えて送り返すようにとの申し入れがなされたが、将門は逃亡と称して、玄明を引き渡そうとはしなかったのである。『将門記』は、その理由を、「将門は素《もと》より侘人《わびびと》を済《たす》けて気を述《の》ぶ。便《たより》なき者を顧《かえり》みて力を託《つ》く（将門は、元来失

意の人を援助して意気を示し、寄るべのない者の面倒をみて力づける)」と記している。この箇所は、後世、将門最大の魅力の一つとして、しばしば引用される一節である。もっとも、この点、将門自身は先にも触れた、後日に記すことになる藤原忠平（あるいは師氏）宛ての書状では、常陸国司藤原維幾の息男為憲《ためのり》が公《おおやけ》の威光をかりて無実の者を罪に陥れようとしていたからだと述べている。とすれば将門は武蔵国の場合と同じく、国司側の悪政に抵抗する在地の人々の側についたことになる。しかし『将門記』は、あくまで玄明側に非があるとして玄明と武蔵武芝を対極に置こうとする。そしていよいよ、この国司維幾に対して「狼戻《ろうれい》の毒（狼のようにねじけた心)」をいだき、「蛇飲《じゃいん》の毒（蛇が獲物を飲み込む時の毒)」を含んだ玄明の意見を聞き入れた将門が、常陸国へと出兵することになるのである。

新皇即位

天慶二年（九三九）一一月、常陸国府へ侵攻した将門軍千余人は、藤原玄明の身の安全などを要求して拒否されると、ただちに戦闘を開始して三〇〇〇人もの国府軍を撃破した。国府軍の主力として戦った長官維幾の息男為憲や宿敵貞盛は行く方を晦ましたが、維幾は降伏し、朝廷から派遣されてきていた役人も将門の前に畏《かしこ》まった。国府側の被害は兵士ばかりではなかった。美しい織物や珍しい財宝は奪われ、三百余の家宅は焼かれ、女性は辱めをうけた。また国分寺や国分尼寺の僧尼までもが将門軍の兵に命を乞うたという。

『将門記』は、戦闘終了後、将門が悲嘆の涙をぬぐう国司維幾から、「印鎰《いんやく》」を奪ったことを記すが、このことの持つ意味は大きい。印とは諸国で作成される公文書に用いられた国印、鎰は国々の官稲を収納する正倉《しょうそう》の鍵で、いずれも国司の公権力を象徴するものにほかならず、それを奪ったということは国司の公権力を犯したことになるからである。この点、もちろん将門らも意識していたのであろう。『将門記』によると、維幾と京都からきていた役人の二人を連れて下総国豊田郡の本拠地へ引き上げた将門と、彼のもとに「寄宿」していた武蔵権守興世王との間で次のような対話がなされている――なお将門の本拠地にまで連れてこられた維幾らは丁重な待遇をうけたという――。すなわち、まず興世王が「一国だけとはいえ、これを討った上は、公(国)の追求は軽くはあるまい。同じことならば、坂東八か国を掠奪して、しばらく様子をみてみよう」と述べると、これに対して将門は、「自分の考えも同じだ。いやしくも自分は天皇の子孫である。坂東八か国から始めて都までも攻め取ろう。早速、諸国の『印鎰』を奪って受領《ずりょう》らを都へ追い帰そう」と応じたというのである。将門は、いよいよ一族内の私闘の段階から国家に対する叛逆へと踏み出していったのである。

将門軍が常陸国に続いて下野《しもつけ》・上野《こうずけ》両国を襲い、「印鎰」を奪って、国司を京都に追い上げたのは、翌一二月のことであったが、その上野国府でのちのちまで語り伝えられていく大事件が勃発した。『将門記』が次のように記述する将門の新皇即位である。

上野の国庁に入った将門が四方の門の警備を固め、坂東諸国の国司を自身の権限で任命した時のこと。八幡大菩薩《はちまんだいぼさつ》の使者と名のる一人の巫女が現れ、「朕《ちん》の位を平将門に授ける。その位記（位階を授けるさいの文書。ただし実際には天皇の位記はない）は左大臣正二位菅原道真《すがわらのみちざね》の霊魂がたてまつり、また八幡大菩薩が八万の軍を起こして授けよう。ただちに三十二相という仏教音楽を奏《かな》でて、お迎えせよ」と告げた。

そこで将門が位記を両手で捧げ持つようなしぐさをして、繰り返し礼拝すると、四門を固めていた数千の兵たちは立ちあがって喜び、伏し拝んだ。また、この場を取り仕切っていた武蔵権守興世王と常陸掾《じょう》藤原玄茂《はるもち》らも大いに喜び、将門を新皇と名づけた。

八幡大菩薩（八幡神）といえば、奈良時代、九州の宇佐八幡神が東大寺大仏造立の成功を援助するという託宣を下したり、僧道鏡《どうきょう》の即位をめぐる事件に関わったりしたこと（最初は即位をうながす託宣、のち道鏡をしりぞける託宣を下す）などで、また平安時代に入ると平安京鎮守として山城《やましろ》国に石清水八幡宮《いわしみずはちまんぐう》が勧請《かんじょう》されるとともに、皇祖神として現れるようになったこと（応神《おうじん》天皇・神功《じんぐう》皇后を祭神とし、八幡大菩薩は応神天皇の化神とされた）などで知られ、将門の乱の頃には、平安京を中心に多くの人々の崇敬を集めていたという。

一方、菅原道真は、延喜元年（九〇一）、政敵であった左大臣藤原時平らの讒言《ざんげん》により大宰権帥《だざいのごんのそち》に左遷され、同三年、失意のうちに大宰府で死去したことから、やがてその怨霊の祟《たた》りが人々に畏怖されるようになったことで、よく知られている。たとえば延喜二三年の皇太子保明《やすあきら》親王の死（二一歳）にさいしては、世の人々の間で道真の霊魂のしわざであるとの噂が広まり、さらに将門が新皇を称する九年前の延長八年（九三〇）の、死傷者までも出した宮中清涼殿への落雷事件は、人々の道真霊魂に対する恐怖を決定的なものにしていたのである。

右のような強烈な性格を持った八幡大菩薩と菅原道真の霊魂が将門への皇位授与者として現れてくるという、驚くべき『将門記』の新皇即位記事の真偽をめぐっては、明治期に将門弁護の立場から、これを娼伎を招いて開いた宴席での茶番狂言・余興にすぎないと論じた前掲織田完之『平将門故蹟考』をはじめ、早くからさまざまな意見が出されている。ほぼ史実にもとづいているとする説、史実に近い出来事はあったが作者の創作も加わっているとする説、作者による創作説などがそれであり、なかでも菅原道真の霊魂が登場してくることに関わる議論が目立つが、この重要な問題についてはのちにあらためて取り上げることにして、話を先に進めることにしたいと思う。

将門の書状

さて、みずから新皇に即位した将門は、親しく教えをうけることもないまま歳月が過ぎてしまったことをわびる文面から始まり、ここに至るまでの一部始終を記した書状を、先に武蔵国庁の紛争に介入し、謀叛の疑いをかけられた時と同じく、私君の太政大臣藤原忠平（「太政大殿少将閣賀」という宛先から、あるいは当時、左近少将の忠平第四子師氏か）に送っている。『将門記』はその全文を載せているが、それは謀叛が事実無根であることを訴えた前回のいわゆる弁明書とは明らかに異なっていた。たしかに、そこには少年時代、主従関係を結ぶことの証《あかし》として、自分の名を書いた名簿《みょうぶ》を差し出した「大殿《おおとの》（忠平）」が摂政の時に、このような事件を起こしたことをわびる言葉、また旧主のことを忘れたことはないなどといった文言もみえている。しかし一方で、自分は桓武天皇の五代の子孫であり、たとえ長く「半国（日本国の半分）」を領有しても、それは天から与えられた運であり、また自分の武芸も天から与えられた才能で誰も肩を並べることはできないなどと、はっきりと述べているのである。すなわち、先のように謀叛は事実無根であることを弁明しようとする将門は姿を消し、常陸国に始まる、坂東諸国の制圧が決して謀叛にはあたらないこと、なぜなら自分には「半国」を領有する正当な資格が備わっていることを「大殿」に認めさせようとする将門が前面に押し出されているのである。

そこで問題となってくるのが、将門の主張した「半国」を領有するという意味である。というのも、それについて大きく分けると、将門がめざしたものは、坂東の独立国家（京都の朝廷の支配から自立）であり、忠平家宛ての書状はその宣言であったとする見方と、将門は書状において坂東支配を宣言するとともに、その承認を京都の朝廷に求めた（坂東は京都に服属し、朝貢する関係）とする見方が対立しているからである（下向井龍彦『日本の歴史7　武士の成長と院政』講談社、二〇〇一年など）。両者のどちらを妥当とするかの判断は困難であるが、いずれにしてものちに将門にまつわる伝説が展開されていくなかで、源頼朝の東国政権（鎌倉幕府）の成立にあたり、将門の「国家」＝坂東支配は坂東武士たちによってその先駆けとみなされていくことになるのである。

私君忠平家に宛てた将門の書状については、どうしても触れておかねばならない、いま一つの問題点がある。それは、この書状が将門もしくは代筆者によって実際に書かれたものか、『将門記』作者による創作かで研究者間の意見が分かれていることである。前者＝真物説の場合、書状と『将門記』本文との間に記述内容・文体に著しい差異がみられることが根拠となっており、後者＝創作説はこの差異について、作者の周到な構想によるもので、書状と本文とには文体にも内容にもそれぞれの構想に即しての選択があり、選除が行われたとする――後者には、書状と本文との文体の差異よりも共通性を重視するものもある――。ここでは真物説として上横手雅敬「『将門記』所収の将門書状をめぐって」（岸俊男教授退官記念会編『日本政治社会史研究』中、塙書房、一九八四年）、後者として北山茂夫『平将門』（朝日新聞社、一九七五年）をあげておく。

この書状をめぐる議論は、もし書状が真物だとすれば、『将門記』作者はこれを資料として利用できる立場にあった人物、すなわち忠平家と密接な関係にある人物がクローズアップされてくるといったように（青木和夫『日本の歴史5　古代豪族』小学館、一九七四年）、これも不詳のままの作者に関する問題と結びついていくなど、きわめて重要な意味を含んでいるが、残念ながら現段階においては今後の課題とせざるをえない。

ただ筆者としては、書状と本文との差異のなかでもとくに注目されている、将門の常陸国発向の理由についての、次のようなあまりに著しい差異などを考慮する時、これを作者による周到な構想とするには無理があり、やはり書状＝真物説の立場から検討を続けていきたいと思っている。

〈書状〉常陸介藤原維幾《これちか》の息子為憲は公の権威をかりて無実のものを罪に陥れることを好んでおり、将門の従兵藤原玄明が愁訴してきたので事情を確認するために発向した。

〈本文〉国の乱人、民の害毒である藤原玄明が常陸介維幾に追われて将門のもとへ逃げ込んできたので、これを助けるために発向した（「興世王と玄明」の項参照）。

弟将平らの諫言

先にもみたように、『将門記』は上野国庁における将門の新皇即位のセレモニーを、興世王や藤原玄茂がとりしきり、数千の兵が喜びの声をあげたとする。しかし将門の周辺には、こうした「謀叛」の動きに対して疑問をもつ人々もいた。将門の弟の一人将平らのグループである。将平は、「帝王の業は人智や力によるものではなくて、すべて天の与えるところである。後世のそしりを招く即位は思いとどまってほしい」と諫言《かんげん》し、また将門の側近く仕える伊和員経《かずつね》も、「主君を諫める臣の言葉を取りあげなければ国家は危機に瀕《ひん》する。天に逆らうとわざわいがあり、王に背くと罰せられる」と訴えた。だが将門は聞き入れなかった。たとえば将平に対しては、「将門はいやしくも兵《つわもの》の名を坂東にとどろかせ、合戦上手の評判を都や地方に高めてきた。今の世の人は、必ず戦いに勝ったものを主君とする」と述べ、また延長年間（九二三～三一）に渤海国《ぼっかい》を滅ぼし、東丹国と改めて領有した契丹《きったん》王耶律阿保機《やりつあぼき》の前例をあげ、「もし朝廷軍が攻め寄せてきたら足柄《あしがら》・碓井《うすい》の両関を固めて坂東を防衛する」と言い放ち、その諫言を斥けている。

将門がみずからの武勇を誇ったということはともかくとして、契丹王耶律阿保機の事例を持ち出して新皇即位を正当化しようとしたことについては、以前から疑問がもたれている。将門がそうした東アジアの新しい情報を入手していたとする決め手がないからである。この点、将平や員経らの諫言にしても『帝範《ていはん》』『臣軌《しんき》』といった漢書からの語句が引かれていることとあわせて、将門と彼を諫める人々との会話には、知識人たる『将門記』作者によって脚色が加えられているとの指摘がなされているが、従うべきであろう（坂本太郎『日本の修史と史学』至文堂、一九五八年）。しかし『将門記』のこの場面は、早い段階から将門の反乱を東アジアの動向と結びつけて理解しようとする考え方があったこと、および新皇即位をめぐって将門陣営が決して一枚岩ではなかったことを後世に伝えてくれる、きわめて重要なものであることは確かである。

兄将門を諫めた弟将平のその後も気になるところである。というのも、このあと興世王・藤原玄茂らが新皇の命令として坂東諸国の国司を任命した記事が続くが、そこには将頼・将文・将武・将為ら他の弟たちが、それぞれ下野守・相模守・伊豆守・下総守に任じられているのに、将平の名がみえないからである。あるいは諫言が原因となって外されたものであろうか。ところでこの将平には、菅原道真の第三子で常陸介にも任じられたことのある景行のもとで学問を修行していたという伝説があることも紹介しておきたい——景行は現在の茨城県常総市大生郷《おおのごう》町に居住していたと伝えられ、その館跡に三郎天神という神社が現存する——。道真の霊魂が将門の新皇即位の場面に皇位授与者として登場し、即位を正当化する役割を果たしていることについては先にも触れたが、今度はあくまで伝説上の話ではあるが、道真の子に学んだという将門の弟が将門の即位を批判しているのである。道真の子には、景行のほかにも常陸国の国司として赴任したものがおり、そうした菅家一族と常陸国との関わりについての検討が必要になってくるが、これも章をあらためて行うことにしたい。

国司の任命と都の建設

新皇即位の儀式に続き、興世王・藤原玄茂らが中心となって、坂東諸国の国司人事が進められたこと、およびそのさいの将門の弟たちの任国については先の通りだが、『将門記』によるとそのほか上野守に常羽御厩《いくはのみまや》の別当多治経明《たじのつねあき》、常陸介に藤原玄茂、上野介に興世王、安房守に文屋好立《ふんやのよしたつ》が任命されたという。しかし、この国司人事についてはいくつかの問題点が指摘されている。たとえば武蔵守がみえないのに対し、坂東には含まれない伊豆守に弟将武が任じられていることもその一つである。ともに理由は不詳だが、「伊豆守平将武」の場合、前年一一月の段階で、伊豆国からの申請などをうけて、将武追捕の官符が伊豆や駿河・甲斐・相模に出されていること（『本朝世紀』）、すなわち将武らを先兵とする将門勢力が、常陸・下野・上野の三国攻略以前から伊豆地方へ進出していたこととの関わりが注目されている。

また常陸・上総両国司について、常陸守・上総守ではなく、常陸介・上総介という表記がなされていることも見逃せない。というのも、この両国と上野国は、一等官の「守」には任国へおもむかない親王が任じられ、実際の国務は二等官の「介」がみる、いわゆる親王任国であり、だとすれば、将門たちは上野国を除く常陸・上総両国を従来どおり、親王任国と認めていたことになり、先に将門から私君藤原忠平家に宛てた書状を検討した時と同じく、将門のめざしたものが、「坂東独立国家＝京都の支配からの自立か否か」という議論に関わってくるからである。

この点、国司人事を進める一方で、次のような政権発足に関わる事項を協議していることについても同様である。

(1) 王城＝皇居を下総国の将門の本拠地付近に建設すること。

(2) そのさい、「檥橋《うきはし》」を「京の山崎」、「相馬郡大井津」を「京の大津」にあてること——山崎は京の南の入口、大津は京の北の入口として、ともに水陸交通の要地——。

(3) 左右大臣・文武百官等の人事を選定すること。

(4) 内印《ないいん》(天皇の御璽《ぎょじ》)・外印《げいん》(太政官の印) 鋳造のための寸法・文字を定めること。

(5) 暦の作成＝時間の管理にあたる「暦日博士《れきじつはかせ》(暦《れき》博士)」を任命すること——ただし適任

者がなく課題として残った——。

将門が坂東に樹立しようとした国家が京都から自立したものであるかどうかはともかくとして、右のいずれをとっても、将門の国家が京都のミニチュア版の域にとどまっていることを示しているのは明らかであろう。しかし、それでもなお、将門による新皇宣言や王城建設などといった京都に対する強烈な主張のもつ意味の深さ、さらに二か月後の将門の敗死によって実現できなかった王城の地にまつわる話が、その後も伝承世界でのこととはいえ、関東各地で生き続けていったことの重さを忘れてはなるまい。

京都の騒動

将門の新皇即位、国司人事の選定といった事態の急激な展開に驚きあわてた坂東諸国の国司たちが京都へ逃げ帰ると、将門は武蔵・相模などの国を巡検して国印や国倉の鍵を取りあげ、さらに自分が天皇の位につくことを記した書状を太政官に送ったのち——この書状を「通達」とみるか「奏上」とみるかでも意見が分かれるところである——、下総国へ帰った。

まさに非常事態の勃発であり、京都の人々のうけた衝撃は大きいものがあった。先にも触れたように（「東西の反乱」）、将門謀叛の報に接した中央政府の対応は、軍事と神仏への祈願との両面からなされているが、『将門記』がとくに強調しているのは後者である。

当時の朱雀《すざく》天皇は——『将門記』は「本の天皇」「本皇」と記して将門の「新皇」に対応させて

いる――、一〇日の命の猶予を仏に願い、その間に奈良の七大寺の名僧を招き、供物を八大明神に捧げたという。また天皇は、「神仏の力で将門の邪悪を止めさせたまえ」と詔《みことのり》し、玉座をおりて祈ったとされるが、詔の中の「昨日、謀叛の報に接した。今日は都に来襲するに違いない」などといった文言からは、短期間に坂東諸国を席捲《せっけん》した将門に対する恐怖感が伝わってくる。

もちろん諸寺社での祈禱も盛んに行われ、阿闍梨《あじゃり》らは邪悪滅亡の修法《しゅほう》をつとめ、神官らは悪人がただちに死滅する式神《しきがみ》（陰陽師《おんみょうじ》に駆使された鬼神）を祭っており、その徹底ぶりは、護摩を焚《た》くために七日間に七石以上もの芥子《けし》の実が用いられていることからもうかがわれる――通常、修法壇で焼かれる芥子は一日に一升――。また『将門記』には、「悪鬼将門の名前を書いた札を修法壇の火の中にいれて焼き、賊徒将門の人形《ひとがた》をつくって刺《とげ》のある茨《いばら》や楓《かえで》の木の下に吊るした」ともみえる。修法の具体的な様子を描いた興味深い記事といえよう。

このように、いわゆる怨敵を祈り殺すことを調伏《ちょうぶく》というが、現実に将門が滅亡したことから、寺社などでの祈禱が神仏に聞き入れられたとする調伏伝説が、次章で紹介するように数多く生まれていくことになるのである。

常陸出兵―貞盛を求めて―

坂東諸国を掌握して本拠地の下総国へ帰った将門は、すぐさま潜伏中の宿敵平貞盛や藤原為憲らの姿を求めて常陸国北部へ五〇〇〇の兵を率いて発向した。天慶三年正月中旬のことである。しかし一〇日以上を経過しても、将門は貞盛の居所をつきとめることができず、『将門記』作者は、この将門の行動を視野の狭い井戸の底の蛙のようだと痛烈に批判している。たしかに貞盛は、将門にとってもっとも気になる存在であり、彼によって足元をすくわれる恐れも十分にあった。しかし新皇宣言直後の将門がもっとも考慮しなければならなかったのは、彼の挑戦に対して中央政府がどのような政治的・軍事的措置をとってくるかということであり――結果的に貞盛はこの中央政府の将門追討策のもとで復活し、将門を討つことになる。正月一四日段階で貞盛は常陸掾に任命され、次に登場する下野掾になった藤原秀郷《ひでさと》とともに押領使を兼帯させられている（「東国への対応」の項参照）――、それに対抗するための強固な体制をどのように築いていくかということにあったはずである。作者の批判は将門の状況認識の甘さを鋭くつくものだったといえよう。

貞盛が巧みに探索の手から逃れたのに対し、その妻は悲惨な目にあった。貞盛の妻を捕えたとの報をうけた将門が、すぐに彼女を辱しめることがないように命じたものの、すでに遅く、彼女は兵士たちによって集団暴行をうけていたのである。『将門記』が記す、「衣服を剝ぎ取られて裸にされた貞盛の妻の顔は涙で白粉《おしろい》も流れ、胸に燃えあがった怒りの炎は心中の肝を焼く」などといった文言には、戦場となった地域の悲惨な状況に目を向け、合戦被害者の立場を重視する『将門記』の特色がよく表わされている。しかし、ここでの『将門記』はそれ以上の合戦に対する弾劾をしようとはしていない。将門が、「流浪の女人は生まれた土地に帰すのが慣わしだ」として、衣服を一かさね与えて釈放したこと、またその折、将門は貞盛の妻に夫の居所を尋ねる和歌を贈り、妻は将門の恩情に感謝しながらも、夫の居所には触れない和歌を返すといった和歌のやりとりが二人の間で行われたことを紹介し、この和歌の贈答が人々の気持ちをなごませ、悪逆の心もやわらげさせたと述べているのである。『将門記』作者は、しばしば将門びいきといわれるが、あるいはここにもそれが反映されているのであろうか。

「私の賊」と「公の従者」

多くの日数を費やしても貞盛らに関する情報を得ることができなかった将門は、坂東の国々から動員した「諸国の兵士」を村々に帰した。彼らの多くが、この時期、そろそろ春の農耕準備に取りかからねばならない農民たちだったからである。このため将門のもとには、一〇〇〇人にも足りない兵力が残るのみとなったが、この機会をねらって合戦をしかけたのが、先にみたように、それぞれ常陸掾兼押領使・下野掾兼押領使に起用された貞盛と藤原秀郷である。

ここではじめて登場してきた秀郷は、かつて罪人として配流《はいる》されたり、在地での濫行《らんぎょう》によって中央政府から国々の兵士がさし向けられたりもした下野国の豪族である（『日本紀略』延喜一六年八月一二日条、『大日本史料』所引『扶桑略記』延長七年五月二〇日条）。その秀郷が在地勢力を結集するという中央政府の基本方針により、将門追討軍に組織されていたのである。当然、したたかな戦いぶりを予想することができよう。また、この秀郷についても、のちに数々のエピソードが伝えられていくことになるが、右のように、その行動が中央政府に罰せられるなど将門と共通する性格を持っていたためか、二人は協力する可能性もあったが、結局、秀郷が将門のもとを訪れたさいの将門の軽率な態度により、秀郷が味方することをやめたという伝説も生まれている。たとえば秀郷の訪問を喜んだ将門が白衣・ざんばら髪のまま秀郷を出迎え、みずからさまざまにもてなしたり、食事中に袴の上にこぼした食物を払いぬぐったりしたことから、秀郷は将門を「日本国の大将軍」「日本の主」となる人物ではないと見抜いたなどという話がそれである――延《えん》慶《きょう》本『平家物語』巻二末・『源平盛衰記《げんぺいじょうすいき》』巻二二。『吾妻鏡《あずまかがみ》』治承四年（一一八〇）九月一九日条は秀郷が味方となるふりをして訪れた時のこととする――。

貞盛・秀郷らの敏速な動きに驚いた将門は二月一日、下野国に軍を進めた。四千余人もの貞盛・秀郷軍を発見したのは、副将軍藤原玄茂配下の後陣の武将たち。一人当千の兵として知られていた彼らは前陣の将門に知らせることなく、ただちに戦闘を開始したが、秀郷の老練な戦略が彼らを上まわった。将門軍は多くの軍兵を失って退却し、さらにこれを追撃した貞盛・秀郷らは川口村というところで将門軍に襲いかかり、みずから剣をふるって戦う将門らを敗走させたのである。なお『将門記』は、この時、貞盛が将門軍を「私の賊」、自軍を「公の従」（官軍・追討軍）と呼び、「私の賊」は強力だが道理がなく、弱兵の「公の従」には天の助けがあるといって味方を励ましたとし、「私」に対する「公」の勝利を強調している。

この「公」と「私」の戦いというスローガンは貞盛・秀郷側の強力な武器の一つとなった。その後、二月一三日になると、貞盛・秀郷軍は行動を再開して下総国境へ押し寄せるが、この間、貞盛・秀郷の二人は、「坂東の大なる木喰い虫、外地の毒蛇よりも甚だしい将門の乱悪を早く鎮めなければ、事態は私より公に及ぶ（私闘から国家的叛逆へと拡がる）ので、われらも公から命をうけて敵を撃つのだ」と話し合い、それまでの倍もの兵力を集めているのである。

一方、将門は貞盛らを沼沢地の奥深くにおびき寄せようと幸島《さしま》郡の広江（先に将門が妻子を隠したことのある「広河の江」か）に身をひそめていたが、この計略を巧みにかわした貞盛らは将門の館をはじめ与力《よりき》の人々の家を焼き払ったという。そして『将門記』は、ここでもやはり、「人家は焼け失せ、住人もいなくなった。わずかに残った人々は山に逃れたり、逃げる道を失って途方に暮れた」と、在地の被害の様子を描くことを忘れていない。しかも注目すべきは、被害をうけた人々が、襲ってきた貞盛ら常陸国の軍勢を恨まず、「唯将門等の不治なるを嘆く」と将門らの失政を嘆いたとしていることである。すなわち、将門は本拠地の人々からも批判をうけるに至ったというのである。この点、『将門記』の意図するところは、下総の人々にとって、貞盛ら常陸の軍勢の行為も将門の「不治」も、いずれも災禍にほかならないと述べることにあったという指摘もある（前掲佐倉「文学からみた将門記」）。また筆者は、「唯将門等の不治なるを嘆く」という一節には、もし将門らの失政さえなかったならばとして、それまで将門に対して抱いていた人々の期待感が裏切られたという意味も含まれていると考えている。

乱の終焉とその後

将門の最期

いよいよ将門最期の時がきた。将門はいつもの兵力八千余人が参集してこないいま、わずか四百余人の軍勢を率いて幸島郡の北山というところを背にして陣を張り、貞盛・秀郷軍を待ちうけた。

戦闘が始まったのは、天慶三年（九四〇）二月一四日の午後三時頃のことであった。春先の強風が吹き荒れる中、はじめは風上の将門側が有利に戦いを進めた。しかし、しばらくして風の向きが変わると形勢は逆転し、風下に立つことになった将門についに「天罰」が下った。「神鏑《しんてき》（神の放った矢）」が将門にあたったのである。下野国から将門の首が都に届けられたのは、四月二五日のことであった。

もちろん将門が滅んだのは、「天罰」「神鏑」によってではない。しかも『将門記』は「終《つい》に涿《たく》鹿《ろく》の野に戦ひて、独り蚩尤《しゆう》の地に滅びぬ」と、将門の最期を中国の古典に登場する、涿鹿の野というところで黄帝と戦って敗れた蚩尤という人物になぞらえたりもしているのである。そこから将門の死を直接的に記すに忍びなかった作者の思い・工夫を読みとることは十分に可能であろう（村上春樹『真福寺本楊守敬本　将門記新解』汲古書院、二〇〇四年）。と同時にここで注目されるのは「天罰」「神鏑」といった表現、蚩尤が銅の頭と鉄の身体（銅頭鉄身）をもつ豪傑であったことから、やがて将門にまつわるいくつもの伝説が生み出されていったことである。のちに具体的に紹介するが、まさに『将門記』は将門伝説の源であったのである。

さて、こうして滅んだ将門に関して『将門記』は、たとえば中国の書物にみえるとしながら、「徳（帝位）を求めて公権に背くのは、あたかもその威力を頼んで鉾《ほこ》を踏みつけた虎のようなものだ」とか、「小人物は才能があってもそれを活かすことができず、悪人は帝位を望んでもそれを維持することができない」などといった非難がましい文章を連ねている。しかし、その一方で、「将門が名を失い身を滅ぼしたのは、側近の興世王や藤原玄茂らの謀《はかりごと》によるものだ」とし、将門を「開花直前にしぼんだ穀物」や「光り輝く直前に隠れた月」になぞらえたり、さらには「将門は朝廷に対してたいそうな功績をあげ、その忠誠心を永代に伝えた」と将門擁護もしているのである。なかでも興味深いのが、将門最期の場面における「天下に未《いま》だ将軍自ら戦ひ自ら死することは有らず」という一節で、これなどはまさに英雄の死としての描き方にほかなるまい。そして、このような将門への思いを抱く作者であるからこそ、その目は中央政府側の記録からはうかがうことのできない、将門が反乱を起こすに至った動機・いきさつへと向けられていったのである。それゆえ、英雄の死としての記述に続く、「誰か図《はか》らむ少過（小さなあやまち）を糺《ただ》さずして大害（大きな害悪）に及ぶとは」の一節に注目し、この「『どうしてこのような大事件になってしまったのか』という問題意識こそ、『将門記』全体の記述を支える原動力」とする見方に賛同したいと思う（前掲佐倉「文学からみた将門記」）。

乱後の動向

将門滅亡後における、その残党追及は厳しいものがあった。『将門記』によると将門の弟将頼や藤原玄茂らは相模国、興世王は上総国、坂上遂高《さかのうえのかつたか》や藤原玄明らは常陸国で、それぞれ討たれたという。もっとも追及の手を逃れた人々もいた。『将門記』も将門の舎弟七、八人が出家姿となって深山に入ったり、妻子を捨てて山野をさまよったりしたとし、そのほかにも生き残って逃亡した縁者たちがいたと伝えている。こうした生存者への関心が、やがて落人《おちうど》や将門子孫にまつわる話へと発展していったことについては、これものちに述べることにしたい。

敗者側の動向に続いて、『将門記』の記述は勝者側の論功行賞に移る。具体的には源経基に従五位下、平貞盛に正五位上、藤原秀郷に従四位下が与えられたというものであり、これと敗者の動向とをあわせると、まさに乱の終結を意味することになる。そして、このあと『将門記』は将門についての最終的ともいうべき批評——将門が分不相応にも天皇の位を望んだため、妻子兄弟は路頭に迷い、本人は生前の名声を失って死後に恥をさらすことになったというもの——を記して、とりあえずは全体の話をまとめているのである。しかし、ここで『将門記』が終わっているわけではない。というより、ここからあとの記述こそ、その解釈をめぐって、従来、成立時期・作者の執筆意図などといった、『将門記』の本質に関わる議論がなされているのである。

巻末記事の読まれ方

さて、それほど重視されているこの巻末記事の構成は次のようになっている。

(1)　ある田舎人が報じてきたという将門亡魂の消息……死後、「三界国六道郡五趣郷八難村」に住む将門が、中有《ちゅうう》（死後四九日間さまようところ）からの使者に託して告げてきたもので、消息は書状もしくは動静と解されている。文意不明確なところもあるが、その消息を要約すると、「われは生前に一善も行うことがなかったため、今、その身を剣の林の中におかれたり、鉄の囲いの中で肝を焼かれたり、ひどい苦しみを受けている。ただ在世の時に誓願した金光明経一部の助けによって、一か月のうちに一時《いっとき》の休みがある。また冥界の暦の七年余、日本国の暦では九二年たつと、われはこの苦痛から逃れることができる。現世の兄弟妻子は他の人に慈しみをほどこすなど善行を積むように」となる。

(2)　「天慶三年六月中記文」という日付……将門敗死から四か月後にあたるこの日付に関しては、従来、『将門記』の末尾、すなわち成立年月を示すとする説、(1)の将門亡魂の消息に付属するという説、さらには亡魂消息譚をもたらした田舎人の話に関わる日付とみなす説などがある。それぞれの代表的なものとして、永積安明『『平家物語』の構想』（岩波書店、一九八九年）、川口久雄『平安朝日本漢文学史の研究』上（明治書院、一九五九年）、梶原正昭『軍記文学の位相』（汲古書院、一九九八年）をあげておく。

(3)「或本《あるほん》に云はく」として『将門記』異本の存在を指摘した文言から始まり、「里の無名（村里の名もない者）謹みて表す（申し上げる）」という結語まで……この間、「日本国の暦では九三年のうちに一時の休みがある。わが兄弟は金光明経書写の本願をなしとげて、われをこの苦しみから逃れさせせよ」といった先の亡魂消息に類似した記述、ついでこの世は「闘諍堅《とうじょうけん》固《ご》」＝末法の世に入り、乱悪が盛んだが、決して戦ってはならないことを訴えた文章がある。

それでは、右の、(1)将門亡魂の消息→(2)「天慶三年六月中記文」という日付→(3)「或本に云はく〜里の無名謹みて表す」からなる巻末記事をどのように考えたらよいのであろうか。これをめぐる議論の最大の分かれ目は、すでに指摘しておいたが、(2)の「天慶三年六月中記文」という日付をもって『将門記』の末尾とみるか、この日付を将門亡魂の消息に付属する、もしくは亡魂消息譚をもたらした田舎人の話に関わるとみるか、という二つの説のいずれを妥当とするかにある。すなわち前者の場合、将門亡魂の消息の記述をもって『将門記』本文は完結し、日付は『将門記』の成立年月、したがって「或本に云はく」以下はのちの加筆、「里の無名」もその加筆者ということになる。これに対して後者では、当然のことながら『将門記』の成立時期は、亡魂消息の日付＝天慶三年六月以降ということになるが、なかでも注目されるのは、「或本」＝『将門記』異本のかかる範囲を「九三年」という数字を含む、本文中の亡魂消息ときわめてよく似た記述部分に限定し、それに続く一文を『将門記』執筆の事情と作者の心境を開陳したものとみなす説である。もちろん『将門記』の作者は「里の無名」となる。

『将門記』への共感

このように意見が分かれる『将門記』巻末記事について、かつて筆者も先の両説に学びながら自説を述べたことがある（『中世の史実と伝承』東京堂出版、一九九一年）。次はその要点を書きあげたものである。

(1)「或本に云はく」以下、「里の無名謹みて表す」までの全文はのちの加筆である。それゆえ「里の無名」は加筆者、また、この末法の世にあっても決して戦ってはならないことを訴えた文章も加筆者の主張となる。

(2)ただし「或本に云はく」のかかる範囲は、本文中の亡魂消息によく似た箇所のみである。とすれば、加筆者がわざわざ「或本」の異説を引き、「九二年」「九三年」という暦数の相違にこだわった理由が問題となるが、この点については、将門敗死の天慶三年から数えてちょうど九二年目の長元四年（一〇三一）に平忠常の乱――将門の叔父良文を祖父とし、将門の従兄弟の子にあたり、房総地方に一大勢力を形成していた忠常が起こしたもの。戦場となった房総地方の荒廃ぶりは、はなはだしいものがあったという――が平定されていることが注目される。

(3) こうした将門の従兄弟の子が起こし、その舞台も一致する忠常の乱にさいし、将門の乱が思い起こされるのは、きわめて自然なことであろう。乱平定から三年後、上京した上総国司も「将門の乱の時もひどかったが、これほどのことはなかった」と語っている（『左経記《さけいき》』長元七年一〇月二四日条）。

(4) 以上のようにみてくると、「或本に云はく」以下の加筆は、忠常の乱後、かつての将門の乱を思い起こしながらなされたものであり、そのさい、加筆者は二つの乱を結びつけるにふさわしい「九二年」という数字を『将門記』中に見出したため、それに関連する「或本」の異説を加筆箇所に引用したという推定も可能になってくる。

(5) すなわち、忠常の乱から将門の乱を思い起こした加筆者は、『将門記』を通じて、これからも続くであろう戦いの無意味さを訴えようとしたのであり、その際、この二つの乱の関連性を象徴するかのような数字を本文中に見出した彼は、加筆箇所の冒頭にその異説を引用しながら、自己の考えるところを展開したということである。

(6) なお、「天慶三年六月中記文」という日付については、現段階ではやはり『将門記』の成立年代とすべきであり、もし疑わしい点があれば、一つ一つ天慶三年六月成立の立場から検討し直していくことが必要である。

右にまとめた筆者の考えは、基本的には今日でも変わっていない。ただ、これまでもたびたび触れてきたように、『将門記』作者がその目を合戦によって生命や生活を脅かされた被害者に注ぎ、戦いを否定する立場を貫いているとする、すぐれた指摘に学ぶ時、「或本に云はく」以下の加筆者は、『将門記』を通じてというより、『将門記』に共感して戦いの無意味さを説こうとしたとすべきではないかと思う。あらためて述べるならば、房総三国を荒廃させた忠常の乱に際し、乱鎮圧の九二年前に起こった将門の乱を題材にして戦争の愚かさを訴えた『将門記』に共感した加筆者（「里の無名」）が、これからも続くであろう険悪な世相の中で、戦いの無意味さを訴えたものこそ、この「或本に云はく」以下の加筆箇所ではないかということである。そこでは『将門記』の執筆意図がしっかりと受け継がれているのである。

伝説の中の将門

萌芽期から中世まで

異なる将門観

調伏される将門

これまで平将門の乱後、乱自体はもとより、乱に至るまでの経緯、および戦死後の冥界における将門の様子などを執筆した作者の意図を推し量《はか》りながら、『将門記』のあらすじを紹介してきたのは、ほかでもない。そこには、乱後、あいついで語られるようになっていく、多数の将門にまつわる伝説の芽がいくつも見出せるからである。以下、『将門記』の記述のうちにみられる、こうした将門伝説の萌芽が、やがてどのように将門伝説として展開されていったか、またそこにはどのような将門観が反映されていたかについて、将門死後のまもない時期から、中世の時代までたどってみることにする。

まず、『将門記』が伝える将門戦死の場面をあらためて取り上げてみよう。

強風の吹き荒れる中、将門は、はじめ風上に立ち有利に戦いを進めた。しかし、しばらくして風向きが逆転したため劣勢となり、ついに「天罰」が下り、「神鏑《しんてき》（神の放った矢）」にあたって滅んだ。

将門の死は、「天罰」「神鏑」によるというのである。天罰・神鏑とは何か。ここで思い出されるのが、『将門記』のうち、将門の新皇即位に驚いた京都＝中央政府側の対応を描いた記事である。というのも、そこには、朱雀《すざく》天皇が神仏に祈願をし、諸寺・諸社でも多数の僧侶・神官によって将門調伏《ちょうぶく》（怨敵を祈り殺すこと）の祈禱《きとう》がしきりに行われたこと、また、そうした祈禱が効果をあらわしたものか、

仏法・国家を護持・守護する五人の大力《だいりき》の菩薩（あるいは不動明王など五大明王）は脇立ちの侍者《じしゃ》を東国に派遣し、吉凶の方位をつかさどる八将神は神鏑を賊に向かって放った。

ことなどが記されているからである。すなわち、将門に的中した神鏑は八将神の射たものであり、それは謀叛人将門へ下った天罰だったのである。

一方、一二世紀後半に成立した歴史書『扶桑略記《ふそうりやっき》』には、『将門記』以外の、将門の乱当時の史料（平貞盛が朝廷に奏上した文書説、『将門誅害日記《まさかどちゅうがい》』説などがある）にもとづき、「将門が貞盛の放った矢にあたって落馬したところに秀郷が馳《は》せつけ、その首を斬った」と記されている。こちらが史実に近いことはいうまでもない。すなわち、このように『将門記』と『扶桑略記』とをあわせ読む時、史実から伝説が生じてくる過程がうかがえるのである。実際にこれ以後、将門の

死を神仏の下す罰と結びつける話、いわゆる調伏伝説が数多く語られてくる。たとえば東大寺羂《けん》索院三昧堂《さくいんさんまいどう》の執金剛神像《しっこんごうしんぞう》に将門の調伏を起請《きしょう》したところ、数万の蜂を率いて東国へと飛び去り、将門を討ったが、そのさい将門の攻撃をうけたため神像の一部は今も破損したままであるとか（『扶桑略記』）、将門戦死のさい、醍醐寺の五大堂本尊が所持する剣に血がにじんだとか（『醍醐寺縁起』）、戦死の前夜、伊勢神宮から将門誅滅のため、多数の兵が白雲に乗って東に向かうところを里人が目撃した（『伊勢大神宮神異記』）などといった話がそれである。『将門記』における将門最期の記事は、その後の調伏伝説の先駆けをなすものといえよう。

ところで、こうした調伏伝説が叛逆者・謀叛人・悪人としての将門観を前提として成立したものであること、および天皇・貴族をはじめとする都の人々の将門観を代表するものであることはいうまでもあるまい。『将門記』の将門調伏祈禱記事の中でも、将門を「濫悪《らんあく》をほしいままにして帝位をねらうもの」と呼び、「邪悪」「悪鬼」「悪王」といった、まさに憎悪の文言が繰り返し用いられていることが、よく示すところである。

成田山新勝寺の誕生

もっとも畿内・西国ばかりでなく、将門びいきというか、将門に対して親近感を寄せる伝説を数多く生んだ東国においても、下総国成田山新勝寺（千葉県成田市）をはじめとして、調伏伝説を伝える寺社があること、それらの所在地が、いずれも将門の敵方＝追討側で活躍した伯父良兼の子公雅《きんまさ》・公連《きんつら》――『将門記』後半の将門残党追及の箇所でも東海道追討軍の将軍兼刑部大輔《ぎょうぶたいふ》藤原忠舒《ただのぶ》によって任命された押領使として公連が登場させられている――、さらには藤原秀郷の根拠地内に位置しているという説があることも付け加えておく必要がある（福田豊彦「将門伝説の形成」大隅和雄編『鎌倉時代文化伝播の研究』吉川弘文館、一九九三年）。

たとえば、その寺名からして「新たに戦いに勝った」という意味だと伝えられている成田山新勝寺の縁起には、

将門謀叛の知らせを受けて激怒した朱雀天皇の命令で、洛西遍照寺の寛朝僧正が高雄山神護寺の不動明王像を奉じて海路東国へと下り、怨敵降伏《ごうぶく》の祈禱をおこなった。将門の滅亡後、寛朝僧正が帰京しようとしたところ、不動明王像は動かず、しかも「これからもずっと、この地に住して東国の逆徒を鎮め、わたしに帰依《きえ》する人々に利益をほどこせ」というお告げがあった。そこで新勝寺を建立し、不動明王像を安置した。

とある。そして、この京都から海路運ばれてきた本尊の不動明王像が上陸したという浜辺と平良兼の居住地や彼の創建とされる神社との間は、三〜十数㌔しか離れていないのである（稲葉嶽男編著『関東中心平将門伝説の旅』下巻、私家版、一九九三年）。後述するように将門を英雄視する風潮が強い東国において、将門追討の側に立つ事例として興味深いものがある。

将門・純友共謀説

先のように調伏伝説が憎悪の対象としての将門悪人観を前提にしていたとすれば、みなす時、その憎悪が裏を返せば都の人々の恐怖心の強さ――言い換えれば、いかに「将門謀叛」に脅威をうけていたか――を物語っていることも忘れてはなるまい。そこでクローズアップされてくるのが、乱当時から貴族たちの間で話題になっていたという、将門・純友共謀説である。純友とは、いうまでもなく、東国における将門の反乱とほぼ同じ時期に、備前・播磨など瀬戸内海地方の国司を襲って反乱を起こしたことで知られる藤原純友のことであり、貴族の中には、東西、時を同じくして起こった二つの乱（承平・天慶の乱）への驚愕・恐怖から、その勃発は将門・純友両人による共謀ではないかと疑うものもいたのである。それはこれまでもたびたび参照した平安末期の歴史書『本朝世紀』に、

天慶二年（九三九）一二月二九日、信濃国から将門が上野・下野の国司らを追放したとの報告が届いた。また近年、伊予国で「暴悪」なふるまいを行なっていた純友が、三日前、備前の国司を襲ったというが、あるいは、これも将門と示しあわせての行動ではあるまいか。

そこで東西に警固役を派遣した。

とみえる記事によって確認できるが、さらに注目されるのは、以後、この将門・純友共謀説の伝説化が進んでいったことである。平安後期成立の歴史物語『大鏡』が載せる、「将門と純友が語りあって恐しいことを企て、将門は『みかどをうちとりたてまつらん』といい、純友は『関白に

ならん』と述べ、『この世界にわれとまつりごとをし、きみとなりてすぎん』と契りあった」という話、その成立が近世前期以前、あるいは室町期までさかのぼると推定されている軍記物『将門純友東西軍記』が伝える、「二人がいずれも上京していた折、一緒に比叡山に登って『逆心すべきこと』を約束した」という話などがそれである。東国の悪人将門は、西国の悪人純友と共にその伝説化を通じて、都の人々を脅かし続ける存在となったのである。

救済される将門―将門びいきの伝説―

『将門記』巻末に、ある田舎人が報じてきたとして、敗死した将門の霊魂が冥界から寄こしたという不思議な書状（動静）が載せられていることは、先に紹介したところである。そこでは将門に「われは生前に一善も行うことがなかったため、今、その身を剣の林の中におかれたり、鉄の囲いの中で肝を焼かれたり、ひどい苦しみを受けている云々」と語らせていたが、この地獄の責め苦を受ける将門の姿は、見事に将門悪人観に対応しているものといえよう。しかしここでぜひとも付け加えておきたいのは、『将門記』とは逆に、たしかに将門は悪人の王ではあるが、それはしかるべき理由があってのことで、彼を調伏したのは誤りだとする話が、将門の死後数十年以内に東国で語られるようになっていたことである。

下総国に住む将門は城東の悪人の王であるが、それは日本国中の悪王を支配・管理するためであった。また先世の功徳によって「天王」となっていた。にもかかわらず、天台宗の高僧の尊意は、天皇の命令で悪法を修して将門を殺してしまった。このため尊意は、罪の報いによっていつまでも人間としてこの世に生まれ変われず、一日のうちに十回も将門と合戦をしなければならなくなった。将門はといえば、生前に五穀を断ち、一心に菩薩を念じ、多くの宝塔をつくった功徳で兜率天《とそってん》に生まれ、金銀の瓦の家に住まわせられている。

これは天暦五年（九五一）に死去し、閻魔王宮を訪れた出羽国田河郡《たがわ》龍華《りゅうげ》寺の僧妙達《みょうたつ》が、七日七夜をへて蘇生したのち、冥土で見聞した死者の様子を語ったという『僧妙達蘇生注記《そせいちゅうき》』にみえる記事である。同書は、八十数人の登場人物の多くが東国の人間であることなどから、一〇世紀中頃の東国の民間仏教の様子を伝える史料として注目されているが、そこにおける将門の話と、先の調伏伝説や『将門記』が伝える冥界からの将門消息の話との違いは歴然である。将門を祈り殺した高僧が悪道に堕ち、反乱を起こした将門が「天王」となっていたり、弥勒菩薩《みろくぼさつ》の住む兜率天に生まれ変わったりしているのである。早くも東国においては、将門を地獄から救いあげ、いわゆる「将門びいき」の話が語られるようになっているのである。なお、この話がそれほど遠くない時期に都にも伝えられていったことは、永観二年（九八四）、源為憲が冷泉院皇女の尊子《そんし》内親王のためにまとめた仏教説話集『三宝絵詞《さんぼうえことば》』中巻に「妙達和尚の入定《にゅうじょう》してよみかへりたる記云」として収められていることからわかる――ただし『三宝絵詞』では、兜率天に生まれたのは将門ではなく、先世において将門の親であった「下総国天台別院座主そうねむ」となっている――。

それではなぜ、東国において、このような「将門びいき」の話が生み出されていったのであろうか。この点に関しては、なによりも一〇世紀＝王朝国家段階における地方政治の状況――国司が中央政府に対して一定額の税を納めさえすれば、任国内の支配を任せるという、国家の方針転換のもとで巨利を貪《むさぼ》る国司が出現――とのつながりを考慮する必要があろう。

巨利を貪る国司

より具体的にいえば、永延二年（九八八）、尾張国の郡司や百姓たちが国守藤原元命《もとなが》の法にはずれた過重な収奪、国司としての職務怠慢、さらには元命の子弟や郎等たちによる狼のような財物強奪などを三一か条も書きあげて朝廷に訴えた著名な事件に象徴される、国司の横暴と民衆の抵抗という問題との関連性である。一〇世紀末から一一世紀前半にかけて、こうした郡司・百姓らによる国司上訴事件は十数例も記録されているが、とすれば、諸国の国府を攻撃し、国司を追放した将門に対する人々の共感は、将門の軍勢が田地・住居を荒廃させた乱当初はともかくとして、その後しだいに高まっていったものと考えられるのである。しかも先に注目したように『将門記』によると、将門は反乱を起こす以前から、武蔵国で「道にそむく所業をもっぱらにする国司」＝源経基・興世王が、「年来、公務を忠実に勤め、在地を立派に治めるなど、正しい道理のもとに行動していた郡司」＝足立郡司武芝を攻撃しようとしているのを聞くと、ただちにその仲介に乗り出している。また常陸国の国司から、税を納めず、公命に背いて極悪非道をほしいままにする「国の乱人（秩序を乱す者）」として追われていた藤原玄明《はるあき》を庇護し、「将門はもとより侘人《わびびと》（逆境にある人）をたすけて意気を示し、便《たより》なき者（頼る者のない弱者）に力を貸して元気づける人物だ」と評価されてもいるのである。こうして東国における「将門びいき」の伝説成立の要因を探ろうとする時、京都から下ってきた巨利を貪る国司に対し、敢然と立ち向かっていった将門の行動へ寄せる東国の人々の共感こそ、その最大のものとなってくるのである。

『将門記』と「尾張国郡司百姓等解」

将門の行動と尾張国の国司上訴事件との関連性といえば、見逃せないのは、すでに述べておいたように『将門記』の用語・表現・文体と尾張国の郡司・百姓たちの訴状（解文）とが近似しているといわれていることである。たとえば『将門記』では、武蔵国の国司と郡司はたがいに相手の「不治」（悪政）を非難しあっていたといい、また「国の書生」たちは国司が「不治」を悔い改めるように告発文を書いたというが、「尾張国郡司百姓等解」には、まさにこの「不治」なる語句が三一か条の非法を次々に列記したあとの末尾の文章中にみえるのである。すなわち、ここでも「国守の元命は民から奪い取ることばかり考えていて、民が飢えのために顔色が青くなっていることも知らない」などといった言葉を連ねたのち、「今、須《すべから》くは郡司百姓、早く守元命朝臣不治之由を録《しる》して官裁を蒙《こうむ》るべきものなり」とまとめて、朝廷での裁きを要求しているのである。両者の問題意識は見事に一致しているといえよう（前掲佐倉「文学からみた将門記」）。

東国における「将門びいき」伝説成立の要因として、いま一点、触れておきたいのは、将門が「天王」となり、彼の調伏祈禱に活躍した高僧尊意が悪道に堕ちたという、先の話を載せていた『僧妙達蘇生注記』の著者妙達の意識のあり方に関してである。というのも、同書の検討を通じて、妙達が尊意をはじめとする中央の天台僧のあり方に批判的であったことを明らかにし、それは天台僧として比叡山で受戒したのち故郷東国に戻り、民間布教に尽力していた妙達による、中央の天台宗門の世俗的なあり方に対しての批判・不満の表出にほかならないとする指摘がなされているからである（菅原征子『日本古代の民間宗教』吉川弘文館、二〇〇三年）。こうした中央に対する批判的な意識・感情が仏教界のみにとどまらず、当時における東国の風潮となっていたと考える時、それもまた、東国での「将門びいき」伝説成立の要因の一つとしてあげざるをえなくなってくるのである。

将門の子孫伝説

反将門側による調伏伝説に対し、将門に親近感を寄せる側からの伝説といえば、平安期における将門の子孫伝説にも目を向けておかねばならない。『将門記』によれば、将門敗死後、彼の一族縁者および配下の将兵ら残党に対する追及は厳しいものがあり、弟の将頼らのおもだった者たちは逃亡先の国々で殺害され、将門の妻子は生活に困ってつらい恥辱を受けたという。しかし一方で、同書には髪をそって深山に逃げこんだ舎弟たちをはじめ、追及の手を逃れて行方をくらませた人々がいたことも記されており、ここに、のちのいわゆる落人伝説・子孫伝説発生の源を求めることができるのである。まず次の『今昔物語集』巻一七に載せる話からみてみよう。

今は昔、陸奥《むつ》国に恵日《えにち》寺という寺があり、そばに平将行の三女にあたる一人の尼が住んでいた。彼女が出家する以前のことである。とても美しく、心やさしい女性であったが、独身のまま年を送っていたところ、病気になって死んでしまった。冥土に行った彼女が閻魔《えんま》庁に着くと、そこでは、しばられた多くの罪人たちが罪の軽重によって判決を受けていた。肝がつぶれ心迷う彼女の前にあらわれたのは、地蔵菩薩であった。地蔵菩薩は閻魔王に対し、彼女の信仰心の深さを説いて助けてくれた。地蔵菩薩から極楽に往生するために必要な文句を教わって生き返った彼女は、出家して如蔵《にょぞう》と名のり、ひたすら地蔵菩薩を念じた。世の人々から「地蔵尼君」とよばれた彼女は、八〇歳を過ぎたころ、心みだれることなく亡くなった。

右の話では如蔵尼という女性は「平将行」なるものの三女とあるだけで、将門や合戦との関わりについては何ら語ってはいない。しかし「将行」が「将門」の誤写の可能性もあり、同じ『今昔物語集』には将門の孫とされる陸奥国の小松寺に住む蔵念という沙弥《しゃみ》の話も収められていること、さらになによりも、鎌倉後期に禅僧虎関師錬《こかんしれん》が著した仏教通史『元亨釈書《げんこうしゃくしょ》』が、類似の話を載せ、そこでは如蔵尼が将門の三女で、将門が誅伏されたのち奥州へ遁れてきたと記されていることによって、この話も将門の子孫伝説の一つとみなされているのである。今日、恵日寺は福島県内に二か寺が存する。耶麻《やま》郡磐梯町の磐梯山慧日《えにち》寺といわき市の甚光山慧日寺である。また茨城県坂東市の国玉神社は如蔵尼が創建し、同社の将門木像も彼女が刻んだと伝えられている（前掲村上『平将門伝説』）。

父の罪業を背負う如蔵尼

それにしても将門との関係があいまいな『今昔物語集』と異なり、『元亨釈書』が如蔵尼の出自を明確にしていることの意味は大きい。そこに、なぜ如蔵尼のような女性が地獄へ堕ちたか、またなぜ地蔵菩薩によって救われたかという疑問を解消するための手がかりが求められ、すでに次のような、すぐれた解釈がなされているからである。すなわち如蔵尼は多くの人々を殺害した父将門の罪業《ざいごう》を背負って地獄へ堕ちたのであり、その、いわば父の代受苦者ともいうべき娘が地蔵菩薩に救われたのは、同時に父である将門も救われたことを意味することになる。言いかえれば、如蔵尼の救済は将門の滅罪《めつざい》と再生であり、英雄将門の復権だったというものである（前掲梶原・矢代『将門伝説』、前掲福田「将門伝説の形成」）。当時の東国における将門観を的確にとらえた継承すべき指摘である。なおこの点に関して、①成立時期としては『元亨釈書』の方がはるかに時代は下るにもかかわらず、『元亨釈書』と同じ内容の如蔵尼の話が『地蔵菩薩三国霊験記』（一四巻本、室町期成立）に収められており、この『霊験記』の祖型、したがって『元亨釈書』にみられるような如蔵尼説話が、一一世紀まで

図３　伝如蔵尼之墓（福島県磐梯町，恵日寺）

にさかのぼる可能性がある、②『今昔物語集』の如蔵尼説話の方がより新しい時代を感じさせ、在地的な将門伝説の影響を薄めている、③如蔵尼ら将門一族の話の伝承者として、諸国遍歴の女性宗教者である「歩き巫女」、さらには彼女たちと夫婦関係を結ぶ場合もあった修験山伏《しゅげんやまぶし》の存在が注目されているが、とくに修験山伏については、秩父地方など、関東における彼らの根拠地・ルートと将門一族の伝説遺跡の多い地域とが重なりあう、④如蔵尼がそのそばに住んだという陸奥国恵日寺の開基徳一については、東国布教に活躍し、中央の伝教大師最澄《さいちょう》に論争を挑んだ話などが伝えられており、先の『僧妙達蘇生注記』の著者妙達の姿と重なりあって興味深い、などといった指摘があることも付け加えておきたい（梶原・矢代前掲書）。

前記子孫伝説にみえる将門の再生は、中世に入ると、東国武士団による、みずからの家系への将門取りこみの動きをうながすことになった。東国武士世界における将門の再生である。そこで下総国の豪族千葉氏関係の伝承を多く含んでいることで知られる、『平家物語』の異本の一つ『源平闘諍録《げんぺいとうじようろく》』巻五の次のような記事からみてみよう。なお『源平闘諍録』は一三世紀半ばから後半頃、千葉氏に仕える文筆官僚が作成したと推定され、坂東で生まれた『平家物語』として知られている。

将門、千葉氏の祖先となる

将門と伯父の良兼とが常陸国で戦い、無勢の将門軍が常陸と下総の国境を流れる蚕飼《こかい》河のほとりに追いつめられた時のことである（『将門記』にも「子飼の渡」での戦闘が見える）。橋も舟もなく思い悩んでいた将門のもとに一人の小童があらわれ、浅瀬を教えて渡河を助けてくれた。そこで川をへだてての矢合戦となったが、将門の矢が尽きると、先ほどの小童が落矢を拾って将門に与え、将門が疲れるとかわって弓を取り、一〇本の矢を射て一本も外れることがなかった。良兼は「ただごとではない。天の御計らいにちがいあるまい」としりぞいてしまった。

将門が小童の前にひざまずいて、「あなたはいかなる人でしょうか」と尋ねたところ、小童は、「わたしは妙見菩薩《みようけんぼさつ》（北極星・北斗七星を神格化したもの）である。正直武剛な汝を護りに来たのである。上野国《こうずけのくに》の花園という寺にいるので、もし汝に志があれば、わたしを迎えよ。わたしは十一面観音の化身で、北辰明神の後身である。汝は東北の角に向かって、わたしの名号を唱えよ。以後、笠験《かさじるし》には千九曜《せんくよう》（星の紋章）の旗をさせ」と告げながら、どこへともなく姿を消した。

将門はさっそく妙見菩薩を迎えて深く信心し、その加護により、五か年のうちに坂東八か国をしたがえ、下総の相馬郡に都を建てて、親王とよばれるまでになった。しかし、将門は万事の政務を曲げて行うようになり、神慮も恐れず、朝廷もないがしろにするようになったので、妙見菩薩は将門の家を出て、将門の伯父（『源平闘諍録』の表記による）でありながら将門の養子になっていた村岡五郎良文《むらおかごろうよしぶみ》（平良文）のもとに移ってしまった。妙見菩薩に見捨てられた将門は、まもなく滅びたが、一方、妙見菩薩は良文からその子忠頼《ただより》に渡って、七代目の常胤《つねたね》に至るまで、代々の千葉氏の嫡子に伝えられている。

これは、治承《じしょう》・寿永《じゅえい》の内乱のさい、千葉氏が妙見神を氏神として信仰していることについて、その由来を尋ねる源頼朝に対し、千葉常胤――頼朝にしたがって鎌倉幕府草創に貢献した、下総を拠点とする東国御家人の有力者――が、妙見神はもともと将門の守護神であったが、のちに千葉氏の祖良文のもとに移ってきたのだと答えた場面である。千葉氏は、甥の将門をわざわざ伯父の良文の養父とすることによって、強引に――しかも良文は『将門記』などにその名がみえないものの、将門の乱では鎮圧者の側に加わっていたことが明らかにされている（川尻秋生『古代東国史の基礎的研究』塙書房、二〇〇三年。同『戦争の日本史4・平将門の乱』吉川弘文館、二〇〇七年)――その家系に取りこんでいるのである。

こうした千葉氏による、その家系への将門の取りこみについては、従来、次のような説が提唱されている。

(1) 一二世紀頃、将門の影響の強かった相馬《そうま》地方を占拠した千葉一族の相馬氏がその領内統治を徹底させる必要上、将門と良文との友好関係を強調するようになり、それがしだいに千葉氏嫡家に移されていったとする説(豊田武『英雄と伝説』塙書房、一九七六年)。

(2) 千葉氏・相馬氏による相馬御《み》厨《くりや》の在地支配は、決して安定したものではなく、源頼朝の東国政権成立以後、常胤の子師常の時からようやく安定しはじめるが、そうした不安定性が、かつての支配者将門の取りこみとなったとみなし、時期的には一三世紀以降とする説(前掲福田「将門伝説の形成」)。

(3) 『源平闘諍録』に取り入れられた千葉氏の説話は、一三世紀半ばにおける千葉氏嫡家による一族支配再編のための政治的意図をもって作成されたもので、さらに言えば、一三世紀半ば、千葉氏嫡家では惣領権の強化がはかられるが、そうした状況の中、千葉氏嫡家の正当性を主張するためのイデオロギー装置として妙見信仰が高揚されたとする説(野口実「千葉氏の嫡宗権と妙見信仰―『源平闘諍録』成立の前提―」同編『関東武士研究叢書5　千葉氏の研究』

名著出版、二〇〇〇年)。

最後にあげたものは、直接、家系への将門の取りこみについては言及していないが、この話自体の成立をめぐって興味深い内容であることから紹介したが、三者いずれもが、千葉氏の在地支配・一族編成のあり方からこの問題に迫ろうとしている点で共通している。

頼朝の挙兵と将門伝説

しかし、ここでは話の中で重要な役割を果たしている妙見信仰が、早く牧畜にたずさわる渡来人によって伝えられ、その後、武神としてとくに東国の牧の多く分布した地方の武士団、たとえば平良文の流れをくむ秩父・千葉・豊島の諸氏の間で盛んに崇敬されたという先学の指摘に注目してみたい(前掲福田「将門伝説の形成」、同『平将門の乱』岩波書店、一九八一年)。というのも、この指摘に学ぶ時、家系への将門の取りこみは、たんに千葉氏のみならず、広く平良文の子孫を名乗る東国武士たち共通の問題、より具体的にいえば、将門取りこみ段階における、彼らのおかれた共通の政治的状況および意識などの面からも考える必要が生じてくるからである。その政治的状況・意識とは何か。この点を考えるにあたって参考になるのが、治承四年(一一八〇)の源頼朝挙兵という歴史的大事件勃発のさいの京都側の反応である。たとえば、当時、右大臣であった九条兼実《くじょうかねざね》は、その日記『玉葉《ぎょくよう》』に、「かの義朝の子、大略、謀叛を企つるか。あたかも将門のごとし」という感想や、彼のもとを訪れた公家の一人が語った、将門にまつわる興味深い逸話を記しているが(後述)、このように二四〇年前、関東一円に勢力をふるって中央政府に大きな衝撃を与え、やがて滅ぼされた「反逆者」将門が、伊豆国における頼朝「謀叛」を契機として、あらためて都の人びとに思い起こされ、さらに彼にまつわる逸話までもが語られるようになっているのである。ここにおいて、平良文流の東国武士たちによる、その家系への将門の取りこみについて、一つの推定が可能となってくる。すなわち、それは流人《るにん》頼朝の挙兵から、九条兼実ら都の貴族たちは、ただちにかつて東国で反乱を起こした将門を思いだしたが、一方、東国の武士たちは、謀叛人頼朝による東国政権＝鎌倉幕府草創という歴史的出来事に結集・尽力した一族の存在を人々に強く印象づけるため、同じく謀叛人にして関東の大半を制圧し、しかも「新皇」を名のった将門の子孫として、みずからを位置づけようとしたのではないかということである。

もっとも、右の推定は、東国武士の家系への将門取りこみが、治承・寿永内乱期＝鎌倉幕府成立期から突如として始まったといっているわけではない。先に述べた将門の乱後まもない時期からの東国における将門びいき＝英雄視の風潮、しばしば指摘される良文流と将門と争った貞盛流との対立関係――貞盛の弟繁盛と良文の子忠頼・忠光との「旧敵」関係以来――などを考慮する時、早い時期から徐々に進められていたものが、この時期において明確化・強調化されるようになったものと考えているのである。

『源平闘諍録』が伝える千葉常胤が語った話のうち、将門が下総国の相馬郡に都を建てたというのは、いうまでもなく、『将門記』中、新皇を名のった将門が「王城（皇居）を下総国の亭南に建設し、檥橋《うきはし》・相馬郡大井津をそれぞれ京の山崎・大津にあてる」などと述べたとみえる記事をふまえたものである。そこでこれらの地が、どこに比定されるかについては、早くから人々の関心がよせられてきた。たとえば下総国の亭南は、現在の茨城県坂東市や同県守谷市、檥橋は同県古河《こが》市、相馬郡大井津は千葉県柏市や茨城県常総市などと考えられている。また千葉県市原市のように、将門が王城を築いた跡と伝える古い都を意味する「古都辺《こっぺ》」という地名をはじめ、王城建設のさいに奈良や伊勢をまねてつくったという奈良大仏・太神宮址などが残っているところもある（稲葉前掲書、前掲村上『平将門伝説』）。

信太小太郎の話

ところでこのような伝説が伝わる相馬の地（相馬御厨《そうまのみくりや》）を支配していた常胤の子師常を祖とする相馬氏が、千葉氏一族の中でもとくに将門直系の子孫を強調していたこともよく知られているが、このことと深く関わる芸能作品として、ここで取りあげておきたいものに、中世末期に盛んに行われ、とくに戦国武将によって愛好された幸若舞《こうわかまい》曲の代表作『信太《しだ》』がある（荒木繁・池田廣司・山本吉左右編注『幸若舞・1』平凡社、一九七九年など）。この物語は、主人公信太小太郎――常陸国の年若い領主で、将門の孫「相馬殿」の実子――の没落・漂泊・復活の跡をたどるものであるが、そこには、次に整理しておいたように、東国で語り伝えられていたと推定される将門伝説の影響が強く認められるからである。

(1)物語中、「葛原《かずらはら》親王から六代の後胤で将門の孫にあたる相馬の実子、信太小太郎なにがし」「将門の眼には瞳が二つあって八か国の王となったが、小太郎の左の眼にも二つの瞳があるので関東八か国の主となるであろう」といった文言がみえ、小太郎と将門との血の結びつき・類似性が強調されている。

(2)敵役小山行重《おやまゆきしげ》の名は、将門を討った藤原秀郷の子孫と伝える下野国の豪族小山氏を連想させる。また小太郎母子に従う郎等《ろうとう》の名前も、「村岡五郎（平良文の別名）」をはじめ、将門に関係ある人名や地名である。

(3)小太郎の忠臣浮島太夫の「浮島」は、もともと霞《かすみ》ケ《が》浦《うら》湖中の孤島で、将門の側近として活躍した武蔵権守興世王の居館があったところと伝えられており、また浮島太夫女房こと弥陀《みだ》夜叉《やしゃ》女の話は、後述するように近世における将門の娘滝夜叉姫《たきやしゃひめ》伝説と重なる面をもつ。

右のように、各時期に流行した芸能に取りこまれながら語り伝えられていくところからも、東国の人々の間における、彼らにとっての英雄伝説＝将門伝説の根強さがうかがわれるのである。

武蔵国江戸郷柴崎村

東国武士団による、その家系への将門取りこみの事例としては、千葉氏のほかにも、武蔵国秩父《ちちぶ》地方に定着した平良文の孫将常を祖とするとの伝えをもつ、いわゆる秩父平氏流の江戸氏をあげることができる。もっとも、この江戸氏が武蔵国

図4　現代の首塚（千代田区大手町）

江戸郷を根拠地として館をかまえ、はじめて江戸氏を称したのは平安末期頃と推定され、また同氏と将門との関係を直接に語ってくれる中世史料もない。この点、江戸氏と江戸郷の関係が確実な史料に表れてくるのも、鎌倉期、一三世紀半ばからで、たとえば弘長元年（一二六一）一〇月三日江戸（平）長重避状《さりじょう》には、江戸郷内の前島村が、先祖代々江戸氏の所領であったことが記されている（『新編千代田区史』通史資料編、一九九八年、以下江戸氏関係史料はことわらないかぎり同書による）。

しかし次に紹介する、近世史料ではあるが、文政一二年（一八二九）、徳川幕府によって完成された江戸の地誌『御府《ごふ》内備考《ないびこう》』続編九の神田明神社の項に載せ

図５　神田神社（千代田区外神田）

る「浅草日輪寺《にちりんじ》書上《かきあげ》」は、江戸氏と将門との結びつき、さらには中世以降の江戸における将門信仰のあり方を考える上で、実に興味深い手がかりを提供してくれているのである（東京都神社庁『東京都神社史料』一、一九六六年、現代文の要約は筆者）。

　浅草の日輪寺は、平安時代のはじめ、天台宗寺院として今（江戸後期）の「神田橋内芝崎村」の地に草創されたもので、また平将門の乱後には縁者の手によってであろうか、彼の墳墓が築かれていた。しかし、やがて墳墓が荒廃して花を手向ける者もいなくなると、将門の祟《たた》りが村民を悩ませるようになった。このため、鎌倉後期、この地に立ち寄った東国遊行《ゆぎょう》中の時宗《じしゅう》二代他《た》

図6　日輪寺（台東区西浅草）

阿弥陀仏真教上人《あみだぶつしんぎょう》が、村民に乞われるまま供養を行って祟りを鎮めた。喜んだ村民は寺院を天台宗から時宗へと改め、寺名も芝崎道場とした。一方、将門の亡魂は境内鎮守の明神に配祀《はいし》され、神田一郷の産土神《うぶすながみ》となった。そののち寺も神社も移転し、寺は今の浅草の日輪寺、神社は神田明神となった。

江戸後期の浅草日輪寺に伝えられていたという、右の神田明神――将門を祭神とし、近世、徳川幕府も江戸の総鎮守《そうちんじゅ》として崇敬。その祭礼は江戸の三大祭の一つとして有名。現在、東京都千代田区外神田に鎮座し、正式名称は神田神社――草創にまつわる話が語りかけてくれる意味を読み解くのに先立って、まず押さえておきたいのは、この話の舞台となっている「神田橋内芝崎村」こそ、弘安四年（一二八一）四月一五日江戸《（平）》重政譲状に「むさし（武蔵）の国ゑとのかうしハさきのむら（江戸郷芝崎村）」とみえるように、中世、江戸氏の所領があった江戸郷の芝崎村、そして、その芝崎村に築かれていた将門の墳墓とは、現在も東京都千代田区大手町にある、京都から飛んできた将門の首を葬ったとして知られる首塚にほかならないということである。その意味するところは明らかであろう。今日、都内三か所に分かれている将門首塚・神田明神・日輪寺（芝崎道場）は、いずれも、中世の芝崎村における将門の亡魂譚に由来すること、言いかえれば、芝崎村は中世以降における江戸の将門伝説の出発点ともいえる地だったということである。なお、今も東京都台東区西浅草の時宗寺院・神田山芝崎道場日輪寺では、毎年二月一四日の平将門の祥月命日《しょうつきめいにち》に「将門公法要」が営まれ、その折、神田明神（神田神社）の神官も参列しており、また神田明神では、神幸祭《しんこうさい》（神田祭）の当日、神輿《しんよ（みこし）》を大手町の将門塚（首塚）の地に渡し、奉幣《ほうへい》の儀を行なっているという（日輪寺刊『日輪寺縁起』二〇〇七年、神田神社刊『神田神社』）。

江戸氏と将門伝説

さて将門の墳墓が築かれていたという芝崎村が、中世、江戸氏の所領であったことをふまえて——室町期の江戸氏一族を書き上げた応永二七年（一四二〇）五月九日江戸名字書立にも「しはさきとの」＝芝崎殿の名が確認できる——、あらためて先の「浅草日輪寺書上」を読む時、第一に注目すべきは、村民を悩ませていた将門の亡魂が鎮められたのち、「天台宗寺院改め時宗道場の境内鎮守の明神に配祀され、産土神とされて、のちの神田明神となった」という箇所である。というのも、そこには将門の霊魂が最初から芝崎村の鎮守の明神に祀られていたのではなく、のちのある時期に産土神と合祀《ごうし》されたことが示されているからである。いったい、いつ、誰が芝崎村に将門の霊魂＝将門伝説を持ちこんできたのであろうか。いうまでもなく、その可能性がもっとも高いのは、平安末期、秩父地方から移住してきた、先の千葉氏の場合と同様に、将門の伯父でありながらその養子となったという村岡五郎＝平良文の子孫を称する江戸氏で、実際、その故郷秩父には、良文が秩父に移ったさい、『源平闘諍録』にも登場する上野国花園村の妙見尊を勧請したという、秩父市の秩父神社の由来譚をはじめ、将門本人・残党（落人）・妻妾・弟・子孫らにまつわる数多くの将門伝説も残っているのである（前掲村上『平将門伝説』）。また、先に室町期の江戸氏一族中に芝崎殿の名がみえることを指摘したが、『御府内備考』続編に載せる系図などによると、近世、神田明神の神主が代々「芝崎氏」を名乗っていることも見逃せない――しかも系図の最初にあげられている天文六年（一五三七）死去の芝崎越後の箇所には将門の子孫であるとも記されている――。この神田明神の神主芝崎氏を中世江戸氏一族の芝崎氏にさかのぼらせる説が唱えられているからである（前島康彦「江戸神社考」萩原龍夫編『関東武士研究叢書・江戸氏の研究』名著出版、一九七七年）。それが果たして妥当であるかどうかはともかく、神田明神にとって「芝崎氏」の名がきわめて意味あるものとして伝えられていたことは間違いないのである。すなわち、江戸氏は平安末期に江戸の地へ移り住んださい、その民衆支配の必要上、以前から当地で祀られていた産土神を祀ってはいるが、同時に、みずからの祖霊将門をも持ちこんでいたのである。

右の江戸氏による芝崎村への将門伝説の持ちこみと、それ以前から同村で祀られていた神との関係については、室町期の関東の情勢を記した軍記物『永享記《えいきょう》』に、「神田の牛頭《ごず》天王、洲崎大明神は、安房洲崎明神と一体で、武州神奈川・品川・江戸のいずれもがこの神を祀っている。また平親王将門の霊を神田明神として尊崇しているともいう」とみえる記事に注目した、興味深い説が唱えられている。それは秩父地方からの江戸氏よりも早く、芝崎村には安房国の漁民が移り住んでおり、彼らは故郷の洲崎明神を勧請していたが、江戸氏は祖霊として将門の霊をまつるとともに、この洲崎明神をも守り神としたとか、同じく古代、安房国の漁民が安房神社の祭神を擁して江戸の地へ移住してきたが、これがのちの神田明神で、ついで将門の残党の一部、とくに水運部門の人々が移り住み、神田明神の一部に将門首塚を築き、先住者と合流したなどといった説である（豊田前掲書、鈴木理生『江戸と江戸城―家康入城まで―』新人物往来社、一九七五年）。このうち、江戸郷の先住者として安房国の漁民、その後の移住者として、秩父平氏よりさらにさかのぼって将門の残党の一部を想定することができるかどうかについての筆者の考えは保留したいと思う。しかし、中世江戸の将門伝説の背後に漁業・水運業に携わる人々の存在を想定していることについては、のちほど「再び、中世江戸の将門伝説」の項で具体的に述べるように、その可能性は高いものがあると考えている。

将門と御霊信仰

「浅草日輪寺書上」の記す中世の芝崎村を舞台とする将門伝説は、その後、時代をへるにつれ、将門の墳墓＝将門伝説の管理者が、当初の江戸氏から芝崎村村民へと移っていったことも語りかけてくれる。それは、「村民」を悩ましていた将門の霊魂の祟りを、時宗の僧が「村民」に乞われるまま鎮めたため、喜んだ「村民」が村の寺院を天台宗から時宗へと改めるとともに、将門の霊を産土神に合祀《ごうし》したといったように、「村民」の側に引きつける形で話が展開されていること、言いかえれば「村民」が強調されていることが、よく示すところである。これが「浅草日輪寺書上」中、第二の注目すべき点であるが、この江戸氏↓村民へという将門墳墓＝将門伝説の管理者の移行の問題についても後述することにして、先に第三点目として江戸の神田明神草創の由来が、将門の霊魂の祟り↓その鎮魂から説明されていることに注目したい。この点、既述の『将門純友東西軍記』にも、

　将門の遺体が、切り離された自分の首を追って武蔵国までやってきたが、ついに倒れ、その霊が荒れて郷民を悩ませたので一社を建てて祀ったのが、今の神田明神である。

と類似の話を載せているが、これらの話からクローズアップされてくるのは、いわゆる御霊神《ごりようじん》としての将門である。非業《ひごう》の死をとげて祟りをなすものの霊をなだめるために、神に祀って安穏

をたもつという御霊信仰について語られる時、その代表例としてしばしばあげられるのは、現在もなお天満天神として広く全国的に崇拝されている菅原道真である。平安中期、藤原時平《ときひら》の讒言《ざんげん》によって大宰府へ左遷され、まもなく同地で没した道真が、死後、怨霊となって祟り、そのため時平らの若死、内裏における落雷事件など異変が相ついで起こったという話、および託宣の神八幡神と故道真の霊魂とが協力して将門に天皇の位を授けたとする『将門記』中の将門新皇即位記事については、すでに紹介したところである。将門もまた、恐るべき御霊神道真の支援をうけて新皇を称し、東国制覇を夢見ながら非業の死をとげていることから、御霊神として祀られるのにふさわしい存在だったのである——もっとも将門の新皇即位場面に道真が登場してこない、『将門記』とは別の所伝もある（後述）——。

なお御霊信仰といえば、「浅草日輪寺書上」が、将門の亡魂を鎮めたのは時宗二代他阿弥陀仏真教上人であったと記していることは興味深い。御霊信仰と時宗が密接な関係にあったことは早くから指摘されているが、具体例としては富士の裾野《すその》での敵討ちで有名な仮名本《かなぼん》『曽我物語《そがものがたり》』（日本古典文学大系、岩波書店）にみえる、次の話もその一つである。

曽我十郎・五郎兄弟の終焉《しゅうえん》の地となった富士の裾野には兄弟の怒りや執着心が残っており、二人が名乗りをあげて戦う声が昼も夜も絶えなかった。たまたま通りがかって、その様子を耳にしたものの中には、ただちに死ぬるものもいれば、二人の霊がとりつき狂人となるものもいた。これを不便《ふびん》に思った源頼朝が、「ようぎやう上人」（遊行上人）を招いたところ、上人は、「菅丞相《かんしょうじょう》（菅原道真）」「承平の将門」をはじめ、無念の死を遂げて神に祀られた人々の例をあげ、兄弟も同じく神に祀るべきだ、と説いた。そこで頼朝は上人の勧めに従って二人の霊を「勝名荒人宮《しょうめいこうじんぐう》」として祀り、富士の裾野に一社を建立して所領を寄進した。

ここでも道真や将門と同様に曽我兄弟もまた御霊神として語られ、しかも遊行上人によって兄弟の亡魂が鎮められているのである。ただ同じ『曽我物語』でも、仮名本よりも古態を残すとされる真名本《まなぼん》では、兄弟が御霊神として祀られていることは同じであるが、そこに遊行上人の名はみえない。真名本↓仮名本という過程で時宗の関与が書き加えられていったものであろうか（角川源義編『妙本寺本曾我物語』角川書店、一九六九年）。こうした『曽我物語』の事例、および実際に鎌倉後期、武蔵国隅田川右岸の「浅堤（浅草）」「石浜」といった江戸氏の勢力地域における他阿真教の足跡もたどれる時、御霊神将門誕生の背後で時宗の果たした役割は、たんなる架空の物語ではなくなってくるのであるが、この点については、さらに後節で述べることにしたい。

超人化される将門

将門の乱鎮圧後、畿内・西国を中心に数多く語られるようになった、将門の滅亡を神仏の罰と結びつける調伏伝説の芽が、すでに『将門記』中に見出せることについては、先に「調伏される将門」の項で述べたとおりである。すなわち将門の討ち死にを「天罰」「神鏑」といった語句で説明している箇所であるが、それに続く将門滅亡に対

する作者の感慨が記された箇所もまた、のちに成立してくる伝説との関わりにおいて見逃すことができない。そこには、

将門は神鏑にあたり、あの銅の頭と鉄の額《ひたい》を持つことで知られる、古代中国の伝説的巨人蚩尤《しゆう》が、涿鹿《たくろく》の野というところで黄帝《こうてい》と戦って一人みじめに滅んだように敗死した。天下にいまだ将軍がみずから陣頭に立って戦い、みずから討ち死にした例はない。

とみえているからである。『将門記』作者が将門を蚩尤になぞらえた意図はともかくとして、やがて人々の関心が、蚩尤の「銅頭鉄額」に向けられていったことは、次の南北朝の内乱を描いた軍記物『太平記』巻一六の記事によって明らかである。

朱雀天皇の時代、将門が平親王と名のって謀叛を起こした時のことである。官軍がいっせいに将門を討とうとしたものの、その身はすべて「鉄身」で矢もとおらず、剣にも傷つかなかった。そこで公卿《くぎよう》らが相談の結果、鉄の四天王を鋳造《ちゆうぞう》して比叡山《ひえいざん》に安置し、四天合行《してんごうぎよう》の法を行わせたところ、天から白羽の矢が飛んできて将門の眉間にあたり、将門はついに俵藤太秀郷《たわらのとうだ》（藤原秀郷）によって首を取られてしまった。

またその首は獄門にかけられたが、なかなか色も変わらず、眼も閉じず、いつも牙《きば》をかんで、「斬られたわが体はどこだ。ここに来い。首をつないで、いま一戦《ひといくさ》しよう」と夜な夜な呼ばわり、人々を恐れさせた。しかし、通りがかりの者が、「将門は俵藤太の計略で、こめ

図７　晒された将門の首
（『平将門一代図会』より，成田山霊光館所蔵）

かみから斬られてしまった」という歌をよむと、さすがの将門の首もカラカラと笑って眼をつむり、尸《かばね》も枯れてしまった。

右の記事は成立時期が比較的新しく、学校教育をはじめ一般的に読まれている流布本によったものであるが、前半の将門が「鉄身」であったという話は古態を残しているとされる諸本にもみえることから――たとえば神田本巻二〇では、比叡山での調伏の祈禱により将門の鉄身が傷ついたとする――、将門鉄身伝説の原型は鎌倉～南北朝期には成立していたと考えられている（岡部周三『南北朝の虚像と実像―太平記の歴史学的考察―』雄山閣、一九七五年）。それではなぜ、このように将門を超人化する話が生まれてきたのであろうか。結論的な言い方になるが、その最大の理由の一つとして、京都の人々を脅かした将門の圧倒的な強さ、および、それにもかかわらず、後半のこめかみの話からうかがわれるように、なぜもろくも滅び去ったかについての人々の関心の高まりをあげておきたいと思う。それは、『太平記』以降、たとえば次のような超人将門とその弱点をめぐる話がいくつも語られ、より多様化されていったことからも理解できるところである。

将門は身長七尺余で五体はことごとく鉄からなり、左眼には二つの瞳があった。また六人の影武者をしたがえ、どれが将門本体か見分けがつかないようにしていた。そこで俵藤太こと藤原秀郷は知略をめぐらして将門の寵妃小宰相《こざいしょう》に近づき、彼女の口から、将門の本体は日光や燈火に向かうと影を生じるが、影武者六体には影がないこと、また将門は鉄身であるが、こめかみだけは肉身であることを聞きだし、見事、弱点のこめかみを射て将門を討ちとった。

すなわち室町期成立の御伽草子《おとぎぞうし》『俵藤太物語』が記す、藤原秀郷を主人公、将門を敵《かたき》役とすることの話には、『太平記』でみた、将門鉄身伝説のほか、分身（影武者）伝説、さらにはより発展したこめかみの話なども加えられているのである。

ところで、こうして超人化された将門の話に関しては、それを東国の在地伝承そのものではなく、都市で生まれた文芸と交流して変質した姿とみなす説も唱えられているが、継承すべきであろう（前掲福田「将門伝説の形成」）。『太平記』に載せる話にしても、鉄身伝説と畿内を中心に語られた調伏伝説とが混在させられており、『俵藤太物語』においても将門はあくまで敵役として登場させられているのである。早い時期における将門調伏伝説と将門に親近感を寄せる話とが対照的であったのと同様、のちにおける超人将門の話と御霊神将門の話の間には、大きな差を認めることができるのである。

『将門記』の新皇即位記事をめぐって

道真霊魂の登場

『将門記』が記す、天慶二年（九三九）一二月の将門軍の上野国府侵攻にさいして起こった将門の新皇即位という衝撃的な事件の様子、とくにその場における強烈な性格をもった八幡大菩薩と菅原道真の霊魂の出現、およびこの記事の真偽をめぐって、さまざまな意見が出されていることなどについては、先に述べたとおりである。またこの記事のもつ意味について、「新皇」即位により「本皇」＝京都朝廷の権威が相対化されたなどといったことはもちろん、さらに発展して「将門の国家とは何か」にまで議論が及んでいることもよく知られている。具体的には、のちの鎌倉幕府へとつながる東国国家がこの将門の国家において最初に姿を見せたとして高く評価するものなどがそれである（網野善彦『東と西の語る日本の歴史』そしえて、一九八二年）。まさに新皇即位記事をめぐる議論は、『将門記』研究の最大課題の一つとなっているのである。

ところで、そうした議論の中でも、まず最初に検討されなければならないのは、当該記事そのものの史料性、すなわち新皇即位記事が作者創作かそれとも史実かということであるが、そのさいの重要な論点として注目されてきたものに、反逆者将門と同様に王権を脅かす存在としての菅原道真の霊魂登場をどのように理解するかということがある。たとえば、作者創作説の立場からは、当時、都ではともかく、遠く離れた坂東に道真の霊魂が登場するのは早すぎるのではないか、また道真と同じく将門もやがて志半ばで敗死し、その霊は怨霊として恐れられるようになるが、とすれば、将門敗死後、『将門記』作者が二人の怨霊を結びつけて即位の話を創作したとも考えられるのではないかといった主張がなされているのである（梶原正昭訳注『将門記　2』平凡社、一九七六年）。もっとも道真霊魂の登場が不自然であることを指摘しても、それだけでは『将門記』即位記事の創作性はともかく、即位そのものを否定したことにはならない。後に述べるように八幡神のみによる即位の話も伝わっているからである。

一方、こうした作者創作説に対して、今日、多くの支持を得ているのは、将門の即位場面に道真の霊魂が現れる理由を詳細かつ具体的に論証し、将門の即位は必ずしも虚構とはいえないとする次のような説である（前掲川尻『古代東国史の基礎的研究』）。

(1)　道真の子息たちは、景行《かげゆき》が常陸介・下総介、旧風《もとかげ》が武蔵介、兼茂《かねもち》が常陸介、淑茂《よしもち》が上総介といったように、関東の国々の国司になっている（『尊卑分脈《そんぴぶんみやく》』ほか）。とくに兼茂は承平年間（九三一～三八）の後半頃、すなわち将門の新皇即位をそれほどさかのぼらない時期に常陸介として赴任しており、さらにその少し前の延長五年（九二七）には、当時大和守であった兼茂のもとへ父道真の霊が出現し、多くのことを語ったという噂も流れていた。

(2)　ところで将門の新皇即位を演出した一人は将門側近の「常陸掾玄茂」であったが、だとすれば、彼ら兼茂・玄茂を媒介として、新皇即位記事に道真の霊魂が登場してくることも理解できる。

(3)　また民衆による税の運搬や坂東に存在した貴族の荘園や牧などを考慮する時、当時の都と坂東との活発な人・物資・情報の往来も想定される。

道真の子と将門即位を演出した将門の側近とが、ともに常陸国司であったことに着目した説得力に富む説である。今後はこの説をうけて、道真の霊魂が将門即位という決定的な場面に登場してくることの意味──たとえば今日では、朝廷をはじめ都の人々を脅かす道真の霊魂は、都の「本天皇」に対して東国における「新皇」を名乗る将門にふさわしいなどとみられている──がより深められていくことになろう。とはいえ、この将門即位という衝撃的な出来事に関連して、従来からの指摘に加え、次のような『将門記』作者とその交流圏、さらにはのちの時代に語られている話に注目する時、将門の即位に道真の霊魂が関わってくること自体の可能性については、なお議論の余地が残っているように思われる。そこでまず前者から述べていくことにする。

「吏」の視点

『将門記』の作者といえば、思い出されるのが、先に繰り返し紹介した、『将門記』の用語・表現・文体が、永延二年（九八八）、尾張国の郡司・百姓らが国司の暴政を朝廷に訴え、国庁で働く「吏《り》」のあるべき姿を説いた「尾張国郡司百姓等解」に近似していたことである。たとえば『将門記』によると、将門が調停役として乗り出した武蔵国における国司・郡司間の抗争のさい、国司側と郡司側の双方が、たがいに相手の「不治（悪政）」を非難しあっていたというが、この「不治」なる語句は、「尾張国郡司百姓等解」でも、末尾＝まとめの文章中、「以上は国司の『不治』を書き上げたものだ」として載せられていたのである。こうした類似点が、その作者の立場にも関わってくることはいうまでもない。『将門記』には武蔵国の国庁で文書事務に携わっていた「国の書生」たちが国司の「不治」によって疲弊していく国の有様を憂え、国司に「不治」を悔い改めるように求めた告発文を書いたとも記されているが、まさに彼らのような「『吏』の視点」がそれである。すなわち、ここでは「尾張国郡司百姓等解」の成立にあたって同国国庁の書生の関与が推定されているのと同じく、『将門記』の成立にあたっても、やはり国司を告発する文を書いた武蔵国国庁の書生たちの動静に理解と共感を抱くような、「吏」の世界に通じていた人の関与が注目されていることを確認しておきたいのである。

『将門記』作者圏と菅原道真

『将門記』における「『吏』の視点」に注目したのはほかでもない。そこに『将門記』の新皇即位記事に道真霊魂が登場してくることの理由を探る上で、重要な手がかりが見出せるからである。話は昌泰四年（七月改元して延喜元年、九〇一年）二月初め、道真が大宰権帥《だざいのごんのそち》に左遷され、筑紫に下向した頃にさかのぼる。当時、道真問題に関わる処分は、道真の子息たちはもちろん（この点、後述）、右近衛権中将源善《みなもとのよし》が出雲権守に左遷されるなど、政界において道真派と目された人々にも及んだが、その対象はさらに道真の門弟にまで拡がり、中央諸官司にあるものは左遷され、文章生《もんじようせい》・学生《がくしよう》も放逐されるとの噂がもっぱらで、彼らの不安を高めていた。そこで事態を憂えた文章博士三善清行《みよしきよゆき》は、左大臣藤原時平に書状を送って彼らに対する穏便な処置を進言しているが、その中で注目されるのは諸官司の半ばを道真の門弟が占めており、もし彼らを処分したら有能な官吏がいなくなってしまうという文言である（『本朝文粋《ほんちようもんずい》』七）。というのも、官界に進出していたそれほど多数の道真門弟の存在、および道真の左遷先である大宰府の官吏たちも道真の左遷を不当とみなしていたという風潮（『扶桑略記』昌泰四年七月一〇日条所引『延喜御記』）などをふまえて、道真を祭神として祀って崇《あが》めるといういわゆる天神信仰の性格形成、また将門滅亡の二年後、天慶五年に下った天神の最初の託宣あたりから始まる北野天満宮創建の動きが説かれているからである（藤原克己『菅原道真―詩人の運命―』ウェッジ、二〇〇二年）。

　このように官界での道真門弟勢力の進出ぶり、彼らと天神信仰・北野社創建との関わりが明らかにされたことの意味は大きい。先に『将門記』では「吏」の視点が重視されており、したがって『将門記』の成立にあたっては、「吏」の世界に通じていた人の関与が想定されていることについて紹介したが、今、さらに右のような道真門弟のあり方をあわせ考える時、『将門記』の新皇即位場面における道真霊魂登場という設定の近くにいたものが誰であったかが判明してくるのであるまいか。すなわち彼らは、道真に心を寄せる「吏」の世界に通じた作者およびその交流圏の人々にほかならないということである。

『将門記』作者に関して右のように考える時、いま一つ重要な論点が出されていることも紹介しておかなければならない。それは『将門記』において、将門の叔父良正から同良兼に宛てた書状の文章、将門やその弟将平の言葉のなかに、唐の太宗が太子に授けたという書『帝範』の文章の援用が見出されること、そしてその『帝範』は藤原南家《なんけ》や菅家の「重宝」「秘本」であったことなどから、『帝範』と『将門記』作者、さらには菅家と『将門記』作者のかかわりという視点を提起した説である（栃木孝惟『軍記物語形成史序説』岩波書店、二〇〇二年）。先の『将門記』作者ならびにその交流圏＝道真に心を寄せる「吏」の世界に通じた人々という見方にしても、またこの説にしても、道真霊魂が登場する『将門記』の新皇即位場面については、なお『将門記』という作品の問題として見直す必要性があることを示しているように思われるのである。

もう一つの新皇即位の話

将門即位に関して、のちの時代に語られている話とは、先に「頼朝の挙兵と将門伝説」の項で、治承四年（一一八〇）の源頼朝挙兵にさいしての京都側の反応を記しているとして紹介した、九条兼実の日記『玉葉』が同じく伝えるもう一つの即位の話、および常総地方における菅原氏一族関連の伝説である。このうち、『玉葉』が伝える話からみていこう。

頼朝挙兵の報に接した折、その日記に「あの義朝の子が謀叛を企てたというが、まるで将門のようだ」と記した兼実は、それからしばらくすると、今度は訪問客の大外記《だいげき》清原頼業《よりなり》から聞いたとして次のような話を書き留めている（治承四年九月三日条、同年一二月四日条――『玉葉』は『図書寮叢刊九条家本』〈明治書院〉による）。

昔、将門が謀叛を起こした時、八幡大菩薩の使者と名乗る青色の服を着た壮士が天から降りてきて、将門に朕の位を授けると述べ、以来、将門に謀叛の心が生じたそうだ。また先年、（頼業が）この話を信西《しんぜい》（藤原通憲《みちのり》、二一年前の平治の乱で敗死した後白河院の近臣）にしたところ、信西は、亡国の夭者《ようじゃ》は天から降りてくるとの文があることを将門は知らなかったのかと答えた。

同じく東国における頼朝の挙兵によって二四〇年前の将門への興味・関心を呼び起こされた貴族たちの間で、将門をめぐるさまざまなエピソードが語られるようになっているわけだが、即位の場面では『将門記』と異なって、巫女ではなく青い服の壮士が出現してきており、また道真の霊魂もいないのである。しかも「信西」といえば、歴史書『本朝世紀《ほんちょうせいき》』を編修するなど、その博学・才人ぶりは有名で、また『通憲入道蔵書目録』からうかがえるように、莫大な和漢の書物を蔵していた当時第一級の学者であるが、その彼がこの話を否定することなく、また一方の道真の霊魂については何ら触れていないことは気になる。もっとも『本朝世紀』には、将門が上野・下野両国司を追却し、東国を虜掠《りょりゃく》したことを記す天慶二年一二月二九日条をはじめ、将門の乱に関する記述がしばしばなされているものの、『外記《げき》日記』（太政官少納言の下にいた職員が記録したもの）を基本的な材料とする同書の性格からか、そこに『将門記』との関わりを見出すことはできないし、また『通憲入道蔵書目録』にも『将門記』は含まれていないことから、実際に信西が『将門記』の話を知らなかった可能性もないことはない。しかし、それにしてもこうした将門即位に関する『将門記』と『玉葉』の話の違いをどのように理解すればよいのか疑問は残るのである。

道真と摂関家

そこで、まず『玉葉』に載せる話には道真の霊魂が登場しないことの意味から考えてみると、すぐに気付くのはこの話が藤原氏＝摂関家の周辺で語られていることであり、その摂関家にとって、将門の私君忠平の兄時平によって失脚させられた道真の霊魂は、最大の敵対者として脅かされ続けられる存在にほかならないということである。とすれば、もともと即位場面に登場していた道真の霊魂ではあったが、それが摂関家周辺で語られるにさいし、削除されていったのではないかという推測も可能になってくる。ただこの点に関してなお考えさせられるのは、兼実の弟で天台座主《ざす》の慈円《じえん》が著した有名な歴史書『愚管抄《ぐかんしょう》』巻三に次のような記述がみえるからである（日本古典文学大系『愚管抄』岩波書店）。

天神＝道真の大宰府左遷事件が起こったのは、観音の化現《けげん》である天神が末代の王法をお守りになろうとしたからである。このため天神を讒言した時平は天神によってとり殺されたといわれるが、もしそれが天神の御心ならば、摂関家は天神の御仇としてすべて滅んでしまうはずである。しかし時平の弟忠平が摂関家を継承して大いに繁昌し、子孫は絶えることなく目出たく今日に至っている。これは天神がわざと時平の讒言にはまってみずからを滅ぼされ、摂関家をお守りになろうとされたからである。

すなわち慈円によれば、とくに忠平以来、道真が摂関家の守護神になっているのである。実に都合の良い話であるが、道真が登場しない『玉葉』の新皇即位の話については、ここから二つの方向が考えられる。一つはすでに兼実や慈円の段階では道真は摂関家の守護神的な存在になっており、あえて摂関家周辺の話のみにおいて道真を削除する必要はなく、したがってもともと道真の登場しない話が語り伝えられていたということであり、いま一つは逆にこの道真の摂関家守護神化の過程においてその削除が行われたということである。いずれにしても残念ながら、慈円のいう道真＝摂関家守護神説によっては、この問題は解決できないといえよう。

なお将門即位場面における道真霊魂の不在といえば、一二世紀前期成立の説話集『今昔物語集』巻二五に収める将門説話も同様である。またそこでは、八幡大菩薩の使者を名乗るものも「一《ひとり》ノ人有テ」と記されているだけで巫女か壮士か不明である。ただし、この『今昔物語集』所載の話は『将門記』の抄略とみられており、もしそうだとすると『将門記』との相違点の意味するものは、『玉葉』に伝わるような話を知った上での改変か、他の理由によるものか、現時点では判断をつけ難いものがある。

二つのルート

しかし、ここで忘れてならないことがある。それは新皇即位に関する『将門記』と『玉葉』の話の違いが、そこに道真の霊魂が登場するかしないかだけでなく、前者の「昌伎（巫女）」に対し、後者が「青い服の壮士」を出現させていることである。「昌伎（巫女）」→「青い服の壮士」については後述するとして、これら二つもの違いを並べる時、将門の新皇即位に関して『将門記』にみえる記事が本来の形で、『玉葉』が伝える話がのちの変形と断定することは留保しなければならなくなってくるのであり、両者はそれぞれ別ルートの話として論を進めていく必要も生じてくるのであるが、この点についてはさらに新しい事例を紹介しておきたいと思う。これもやはり『玉葉』に記されたもので、兼実のもとで清原頼業が語った先の青い服の壮士の出現に続く次の話である。

将門は「帝者の運」「王者の運」を有するものである。それなのに尊意僧正なる高僧は将門調伏の法を修して、将門の首をとるのに功をあげた。しかし、このため尊意は将門の敗死後、五日を経て「夭亡《ようぼう》」してしまった。

すでにみたように、『将門記』によれば、将門謀叛の報は京中を大いに騒動させ、「本《もと》の天皇」＝朱雀天皇が「十日の命を仏天に請」うたのをはじめ、諸寺諸社で将門調伏の修法がしきりに行われたとあるが、実際に多数の僧侶・神官が動員されており、当時、天台座主に補されていた尊意もまたその一人であった（『華頂要略《かちようようりやく》』ほか）。つまり尊意は、将門の乱鎮定にあたっての功労者といってよい。ところが頼業の話では、それが故に、彼は「夭亡」したというのである――尊意の寂日については諸書によって異なるが、いずれにしても将門の敗死の日に近接していることは事実――。この尊意夭亡の話も『将門記』にはみえない。というより、まったく逆の視点からの内容になっているのであり、ここからも『玉葉』所載の将門関係の記事は、もともと『将門記』とは別ルートのものだとみなされる可能性も生じてくるのである。

『玉葉』の話の発信地は東国？

右の『玉葉』の尊意夭亡の話から、すぐに思い浮かぶのは、先の「救済される将門―将門びいきの伝説―」の項で注目した、出羽国の僧妙達が冥土で見聞した死者たちの話をまとめたという『僧妙達蘇生注記』が伝えるあの世での将門の様子である。そこでも将門が弥勒《みろく》の浄土といわれる兜率天に生まれ変わり、金銀の瓦を葺《ふ》いた家に住まわされているのに対し、将門を祈り殺した尊意はその罪の報いで人身を得ることができず、一日のうちに一〇回も将門と合戦をしなければならなくなっているのである。また主として東国各地の人々の話を収め、一〇世紀中頃の東国の民間仏教の様子がうかがわれる『僧妙達蘇生注記』にみえるこの話が、将門の死に対する人々の鎮魂の情を示す、いわゆる「将門びいき」の話が多く伝わる東国の将門伝説の中でも、早い時期のそれを代表するものであることについてもすでに述べたところである。とすれば、こうした『僧妙達蘇生注記』の将門・尊意の話と問題の『玉葉』所載のそれとを照らし合わせる時、東国で生まれた前者が、やがて京都に伝えられ、その影響を受けたものこそ後者であった――そこでは「悪人の王」から「帝者の運」「王者の運」を有するものへと、将門の立場はより正当化されている――との推定も成り立ちうるのではあるまいか。すなわち『玉葉』の伝える将門関係の話は、いずれも『将門記』とは別ルートのもので、しかも東国こそその源＝発信地にほかならないという推定である。

東国と男巫

ここであらためて先に注目した、八幡大菩薩の使者として『将門記』が「昌伎」＝巫女を登場させているのに対し、『玉葉』ではそれが「青い服の壮士」となっているという違いについて触れておきたい。

平安末期、後白河院によって撰集された『梁塵秘抄《りょうじんひしょう》』に次のような歌謡が収められている（日本古典文学全集、小学館）。

東《あずま》には女はなきか男巫《おとこみこ》　さればや神の男には憑《つ》く

この歌については、「東国はことばも訛《なま》り、粗野な風俗の土地として、歌謡の世界でもこのように揶揄《やゆ》されている」といった解説も付されている。しかし単なる歌謡の世界にとどまらず、当時の実態として、東国では巫女よりも男巫の方が多く存在していたとみなしてもさしつかえないのではあるまいか。この点、時代はさかのぼるが、皇極三年（六四四）、「常世《とこよ》の神」を祀る「東国《あずまのくに》の不尽河《ふじのかわ》の辺《ほとり》の人大生部多《おおふべのおお》」なる男と、その配下の「巫覡《ふげき》」たちが鎮圧されたという『日本書紀』にみえる事例なども興味深いものがある。この事例を引きながら、東国では、古代前期における蝦夷攻略をはじめとする東方開拓によって、圧倒的に男性人口が多く、そのさい、大陸渡来民らが遠征隊に大量従軍し、かつ入植したことから、渡来民系の巫俗もまた東国の特色を形成しているとも考えられるとして、そうしたことと西日本の巫女に対する東日本の男巫の風俗との深い関わりが指摘されているからである（山上伊豆母『巫女の歴史―日本宗教の母胎―』雄山閣出版、一九七二年）。すなわち、ここでもまた『玉葉』が伝える将門関係記事の発信地を東国と推定するにさいしての重要なポイントが見出せるのである。

なお、青い服＝青衣については、東大寺二月堂修二会《しゅにえ》にさいして読みあげられる過去帳《かこちょう》にみえることで有名な「青衣の女人」に注目し、「青衣」には冥界の人や身分の低い人などが着る衣服という意味が込められているとした指摘もある（清水由美子「『青衣の女人』考―女人往生と過去帳―」『中央大学文学部紀要―言語・文学・文化―』一〇九、二〇一二年)。このうち、「冥界の人」があるいは先の渡来民系の巫俗と関わりがあるかどうか気になるところだが、現時点ではこれ以上の推定はひかえたいと思う。

道真霊魂、子息兼茂のもとへ

近年、『将門記』において菅原道真の霊魂が将門即位という決定的な場面に登場してくることの理由を、とくに道真の子息兼茂と新皇即位を演出した将門側近の一人藤原玄茂とがほぼ同時期に常陸国の国司であったことなどに求め(兼茂＝常陸介、玄茂＝常陸掾)、将門の即位がかならずしも虚構でないことを論じた学説が有力視されていることについては、先に要約・紹介したとおりである。

ところで兼茂をはじめとする道真の子息たちと常総地方との関わりに早く注目したものに、本書もまた多くを依拠した前掲梶原・矢代『将門伝説―民衆の心に生きる英雄―』がある。延喜二三年(九二三、閏四月に改元して延長元年)における醍醐《だいご》天皇の皇子保明《やすあきら》親王の早世の頃から、道真霊魂の祟りの恐怖が都の人々の間に拡がり始めていたが、同書はその四年後の延長五年「故大宰菅帥ノ霊」＝道真の霊が大和守兼茂のもとに現れ、朝廷に大事が起こることを予言したという話を紹介し、続いて景行・兼茂・景茂三兄弟らによる常総地方での亡父道真供養に言及しているのである。

まず最初の延長五年の話からもう少し詳しくみていくと、これは平安後期成立と推定される

『扶桑略記』同年一〇月是月条に『重明《しげあきら》親王記』＝『吏部王記《りほうおうき》』からの引用として載せられているものだが、その内容は次のとおりである。

道真の霊が、夜に旧宅を訪れ、子息の大和守兼茂に対し、「近く朝廷で大事が起こるが、それは大和国から始まる。お前は慎んでそのことを行うように」と述べ、ほかにも多くのことを語ったという。他の人はこの話を聞くことができず、兼茂も秘密にして他へは語らなかった。

ここで少し気になるのは、記事のうちに「息大和守兼茂」とあるにもかかわらず、『将門伝説』の著者が兼茂と道真との関係に触れないまま記述を進めているため、なぜ彼のもとに道真の霊魂が出現したのかが不明となり、単なる道真霊魂の恐怖を示す事例にとどまっていることである。

一方、その後の天神信仰の研究では大和守兼茂＝道真子息として継承されていくが（村山修一『天神御霊信仰』塙書房、一九九六年）、その兼茂のもとへの道真霊魂の訪問や託宣の意味の推定――偶然ではなく、霊魂の託宣によって次の官職を得ようとする、当時の処遇から国家に対する不満を持っていた兼茂の猟官活動の一環であるというもの――からはじめて、常陸介としての赴任→将門即位との関わりへと論を発展させたのが、今日、有力視されている先の説なのである（前掲川尻『古代東国史の基礎的研究』）。

常総地方の菅原氏伝説

右の兼茂ら菅原氏三兄弟による常総地方での亡父道真供養として『将門伝説』の著者が注目した事例は、当初、延長四年に現在の茨城県桜川市真壁町羽鳥に建てられ、三年後の延長七年に同県常総市大生郷《おおのごう》町に移されたという大生郷天満宮（太宰府天満宮、北野天満宮とともに日本三大天神と伝えられる）である。創建および移転の年が判明しているのはほかでもない。真壁町羽鳥の歌女《うたつめ》神社、大生郷天満宮からそれぞれ次のような文字が読みとれる板碑―A、石碑―Bが発見されたとの報告がなされているからである（引用は前掲栃木『軍記物語形成史序説』による。なお発見者は飯島六石氏、発見年は明治四四年〈一九一一〉）。

A

延長四年二月廿五日
常陸羽鳥菅原神社
為右菩提供養也　所建
菅景行源護平良兼等共也

B

常陸羽鳥菅原神社之移
菅原三郎景行兼茂景茂等相共移
従筑波霊地下総豊田郡大生郷
常陸下総菅原神社

為菅原道真卿之菩提供養也
常陸介菅原景行所建也
菅原三郎景行卌四才也
菅公　菅原兼茂卅七才也
墓地　菅原景茂三十才也
移従羽鳥
定菅原景行常陸羽鳥之霊地墳墓也
延長七年二月廿五日

Aの板碑からみていくと、そこには道真の子息菅原景行と源護《まもる》や平良兼らが、延長四年に道真の菩提供養のために神社を創建したことが記されている。このうち景行が延喜年間（九〇一〜九二三）の後半以降に常陸介になっていることは、すでに明らかにされているが、問題は他の二人である。将門とその伯父良兼との激しい抗争は『将門記』にも詳述されているが、前《さきの》常陸大《だい》掾《じょう》として同国に勢力を有していた源護は、良兼ら将門の伯父たちと姻戚関係にあって将門と敵対し、その子息三人も将門に討たれていることが『将門記』にみえる人物である。すなわち菅原景行は、将門とは敵対関係にあった二人とともに道真の菩提供養のための神社を建てているのである。しかも神社の地に選ばれたのは、良兼の常陸国における拠点として将門軍の襲撃をうけた「服織《はとり》の宿」＝羽鳥だったのである。もっとも前章「平将門の乱と『将門記』」の「合戦の始まり」の項でも触れておいたように、『将門略記』によると将門と良兼の仲が険悪になるのは神社創建の五年後、延長九年の「女論」以来のことであるから、正確には「将門とは敵対関係にあった二人」ではなく、「のち将門と敵対関係になる二人」とすべきであろう。なお現在も羽鳥には城・館に関するものをはじめ、いくつもの良兼関係の伝承が伝わっており、同じ真壁町の酒寄には、平貞盛が建立したという良兼供養の碑もあったという。

次にAの板碑から三年後、常陸羽鳥の神社を景行ら菅原氏三兄弟が下総の豊田郡大生郷に移したと伝えるBの石碑についてであるが、すぐに気がつくのは、豊田郷が『将門記』にも良兼軍に焼き払われた「豊田郡栗栖院常羽御厩《くるすのいんいくはのみまや》」とか、戦いに勝利した将門軍が「豊田郡の鎌輪宿」に帰還したなどとみえるように、将門の本拠地だったことである。すなわち道真供養のための神社は、やがて将門と敵対することになる良兼の本拠地から将門の本拠地へと移されたことになるのである。

碑文の語るもの

道真を祀る神社の移建は、社伝によると景行の移住に伴ってのことらしいが、『将門伝説』の著者はこの点をさらに深めて、すでにこの頃から同族抗争へ の底流があり、それと何らかの関わりがあった常陸介の景行が良兼らから離れて将門に接近するようになっていたためではないかという推定を試みている。たしかに興味深い説ではあるが、そうした評価の前に碑文自体の史料としての有効性から検討しておく必要があろう。

というのも、とくにBの石碑に関しては、すでに「右大臣道真」の敬称に「卿」の字を用いていることに対する不審も指摘されており（大臣以上は「卿」ではなく「公」）、そのほかにも疑わしい箇所がみられるからである。たとえば神社移転に関わった道真三子のうち景行・兼茂が常陸介に任じられていたことは明らかである。しかし景茂については『将門伝説』の著者によると前田家所蔵『菅家伝』なる書物にその名がみえるとのことであるが、景行・兼茂の二人が常陸介の注記とともに載せられている『尊卑分脈』にはみえないのである。もっとも平安中期成立の法制・政務に関する手引書『政事要略《せいじようりやく》』には道真の左遷に連座して景行が式部丞から駿河権介に、景茂が右衛門尉から飛驒権掾にそれぞれ左遷されたという記事がみえる。しかし、これにしても同書頭注もその可能性を示唆しているように、景茂は兼茂の誤りとみなすのが妥当と考えられているのである。あるいは景茂の名はこの『政事要略』から引かれたものであろうか（前田家蔵『菅家伝』も同様か）。そのほか疑点といえば、Aの板碑・Bの石碑のいずれにも「二月廿五日」という道真の祥月命日が記されていたり、Bの碑文に景行ら兄弟の年齢が示されていることなども、何か作為的なもの、言い替えれば知識の盛り込みの感をうけるのである。

これら疑わしい点からして、筆者はBおよびAの碑文について次のような推定が成り立つのではないかと考えている。すなわち、Bの石碑はAの板碑もしくはそれに類似の伝承をふまえて、そこに将門と源護や平良兼とが激しく戦ったこと、『将門記』の新皇即位場面にいわば将門の支援者として道真の霊魂が登場してくること、景茂の名が『政事要略』にみえることなどの知識を盛り込み、後世に作られたものだという推定である。またAの板碑にしても、実際に景行・良兼らが関わったものではなく、常陸羽鳥の神社付近に伝わっていた類似の伝承をもとに、これものちに造立された可能性が高いと推定している。結論的にいって、筆者はA・Bいずれの碑文についても後世の作とみる立場にたつと同時に、一方で、Aの板碑に関して述べておいたように、それが決してたんなる想像上の産物ばかりではなく、そこには常総地方における菅原氏一族関係伝承も反映されていると考えるものである。

ところで、そうしたAの碑文にみえる菅原景行が常陸の国衙関係者らと道真の菩提供養のために一社を建立したという話は、景行や兼茂ら道真の子息たちが常陸国で亡父についてどのような話を語っていたかを考える上でも興味深いものがある。彼らはいわゆる「菩提供養」を行なっていたのであり、しばしば注目される道真霊魂の祟りの威力・恐怖については果たしてどうであったかとの疑問が生じてくるからである。この点に関してすぐに思いあたるのは、先に紹介した、ある夜、道真の霊魂が大和守時代の兼茂のもとに現れ、「近く朝廷で大事が起こるが、それは大和国から始まる。お前は慎んでそのことを行うように」と述べたという話である。いったいこの話は何を語ろうとしているのであろうか。この点、筆者は、その手がかりは「慎んで行うように」という箇所にあると考えている。すなわち、これを文字どおりに解釈すれば、「慎重に行動せよ」「積極的な行動は慎め」ということになるが、とすれば、この道真の言葉の意味するところ、さらにはこの話を兼茂が他へは秘したということを合わせ考える時、彼らが、亡父霊魂の威力・恐怖についても余程慎重に対処したのではないかとみなしておきたいと思う。

と同時に、ここで見逃せないのは、景行を通じて菅家の学問が東国の地に流入していた可能性が強いとする指摘である。たしかにBの石碑のある大生郷天満宮から約一キロ離れたところに景行を祀った三郎天神があるが、ここで景行と師弟関係にあった将門の弟将平が学問に励んだという伝承も伝わっているのである――『将門記』によると、この将平が将門に対して即位を思いとどまるように諫めていること、また他の弟たちがそれぞれ諸国の国司に任じられたという同書の記事中に将平の名がみえないことなどについては、「平将門の乱と『将門記』」の章のうち「弟将平らの諫言」の項参照――。このように常総地方における菅原氏関係伝説としては、道真霊魂の祟り云々ではなく、子息たちによる亡父の菩提供養や菅家の学問に関わるものがみられることの意味は、今後とも追究されていかなければならない課題ではなかろうか。

再び、中世江戸の将門伝説

頼朝、隅田川をわたる

ここでは先の「武蔵国江戸郷柴崎村」の項などで取りあげた「浅草日輪寺書上」に載せる現在の東京都千代田区大手町付近＝中世の江戸郷芝崎村の将門伝説の始まりと展開について、再度、四点にわたって考えてみることにしたい。それは、①先学によって中世江戸の将門伝説の背後に漁業・水運業に携わる人々の存在が想定されているが、このことと、秩父地方からの移住にさいして祖霊将門を持ち込んだ江戸氏との関係、②領主江戸氏から村民へという将門墳墓＝将門伝説の管理者の移行の問題、③時宗二代他阿弥陀仏真教上人による将門鎮魂の史実性、④御霊神将門の近世への継承のされ方の四点である。

さて江戸郷を根拠地として平将門を祀った秩父平氏流の江戸氏の勢力基盤を考える上で興味深いのは、治承四年（一一八〇）八月、伊豆国で平氏打倒の兵をあげたものの、相模国石橋山の合戦に敗れ、海路、安房《あわ》国へと落ちていった源頼朝が、再び態勢を整え、先祖ゆかりの地鎌倉をめざして房総半島を北上、下総国から太日川（現・江戸川）・隅田川の両大河をわたり、武蔵国へ入った時の話である。

まず、鎌倉幕府関係者が編纂した歴史書『吾妻鏡《あずまかがみ》』には、この時、頼朝の率いる軍勢三万余騎が、上総・下総の武士たちの用意した舟に乗って川を渡ると、そこへ豊島《としま》・葛西《かさい》氏のほか、それまで平家方として頼朝に敵対していた畠山・河越の両氏および江戸重長（江戸氏が江戸に館をかまえ、はじめて江戸氏を称したのは、この重長の父重継の時とされる）が参上してきたこと、それに先立って頼朝が重長に対し、「汝こそ武蔵国の棟梁《とうりょう》だ」とほめあげて参陣を求めたり、当初の懐柔策がうまくいかないと謀殺もはかったりして、その対応に苦心していたことなどが記されている（治承四年九月二八日条ほか。国史大系）。そこからは隅田川右岸一帯で相当な勢力を振るっていた江戸氏の姿が浮かびあがってくるのである。

続いて『吾妻鏡』と同じく頼朝軍の隅田川渡河を描きながらも、少々異なる話を伝える室町期に成立した源義経の一代記『義経記《ぎけいき》』（日本古典文学大系、岩波書店）をみてみよう。

洪水のため渡河困難になった隅田川を前にして、頼朝が、はじめは抵抗の様子を示しながらも、頼朝の強硬な態度に恐れをなし、あわてて川を渡って参上してきた江戸重長に命じた。「お前は坂東八か国の『大福長者』だと聞いている。すぐに浮橋（水上に舟やいかだなどを並べてその上に板を渡した橋、船橋ともいう）を組んで軍勢を対岸へ渡せ」と。難題をおしつけられて困惑する重長を助けたのは千葉常胤《つねたね》と葛西清重。二人の領地である今井（現、江戸川区）・栗河（不詳）・亀無（現、葛飾区亀有）・牛島（現、墨田区）から海人の釣舟が数千艘も集められた。また重長自身の領地の石浜（現、台東区橋場付近もしくは現、荒川区石浜神社付近）にちょうど着いていた「西国船」数千艘も取り寄せられた。こうしてわずか三日間で浮橋は完成し、重長は見事、軍勢を渡すことができ、頼朝からその働きをほめられた。

右の話は、頼朝と江戸重長の政治的かけひきを描く『吾妻鏡』と異なり、どのようにして江戸氏による浮橋づくりが成功したかに力点が置かれていることで興味深いが、ここでとくに注目したいのは次の点である。

大福長者江戸重長

それは、江戸氏が隅田川右岸の「石浜」を領有しており、その「石浜」には「西国船」が数千艘も着いていたということである。というのも、前者はもとより、後者にしてもオーバーな表現を別にすれば、実際上の出来事を反映したものとして中世の史料で確認できるからである。たとえば、江戸氏の石浜領有については、南北朝期の貞和二年（一三四六）九月八日付高重茂奉書をはじめ、鎌倉末期以来の江戸氏一族内部における相論関係文書によって明らかであり、先に「将門伝説と江戸氏」の項で紹介した、室町期の江戸氏一族を書き上げた江戸名字書立にも、「しはさきとの（芝崎殿）」と並んで「いしはまとの（石浜殿）」の名前もみえているのである。また石浜への西国船着岸についても、中世の石浜一帯が年貢輸送などといった海上交通の要地として栄え、室町時代、付近には港湾業者の問《とい》や「武蔵国中にかくれなき」と称された富裕な寺院関係者も存在していたことが指摘されているのである〈湯浅治久『中世東国の地域社会史』〈岩田書院、二〇〇五年〉、鈴木敏弘『中世成立期の荘園と都市』〈東京堂出版、二〇〇五年〉）。

このような江戸氏と石浜、および石浜の都市的な性格、さらに江戸重長が頼朝から「大福長者」と呼ばれたこと、そしてその長者に関して、彼らの富はもともと酒売り・塩売り・商売交易の場である市での活動などといった農業以外の生業によって形成されたとする柳田国男《やなぎたくにお》の説などをあわせ考える時（『増補山島民譚集』平凡社、一九六九年）、先の頼朝の隅田川渡河にまつわる『義経記』の話＝一種の長者伝説成立の背景も明らかになってくるのではあるまいか。すなわち、それは隅田川沿岸＝非農業世界における長としての江戸氏と、その支配下にあって水運業・漁業に従事する人々という関係であり、『義経記』の話もそうした関係をしっかり踏まえた上での長者伝説にほかならないということである。

とすると、ここにおいて江戸氏の将門信仰という観点から見逃せなくなってくるものがある。それは「浅草日輪寺書上」を載せる『御府内備考』続編が、神田明神の祭礼について、徳川家康の入国までは、毎年、神輿を竹橋のあたりから船に乗せ、川筋は不明だが、小船町の神田屋庄右衛門宅前で陸に上げていたと記し、古くは「船祭」であったと伝えていることである。あるいはこれは、江戸氏によって持ち込まれた将門信仰と江戸郷付近を生活圏とする水辺の民（鈴木前掲書）との接触を示唆しているものであろうか。

将門墳墓の荒廃と祟り

先に「浅草日輪寺書上」が将門墳墓の荒廃によって生じた将門亡魂の祟り対策のために時宗の僧侶を招いたり、その後も寺院の改宗や将門亡魂の産土神《うぶすながみ》合祀にあたったものとして、「村民」の役割を強調し、「村民」の側に引きつける形で話を展開していることについて、これは将門伝説の管理者が当初の領主江戸氏から村民へと移っていったことを示しているのではないかと述べた。とすれば、次に問題になってくるのは、いったいその移行はどのような歴史的状況のもとで進められたかということであるが、それにはまず将門亡魂の祟りの発生の意味から検討していく必要があろう。「浅草日輪寺書上」は、これを築造以来の長い歳月がもたらした墳墓の荒廃のためだとするが、たとえば次に紹介する史料などによるかぎり、決してそれにとどまるものではないと考えられるからである。

その史料とは、鎌倉中期の弘長元年（一二六一）一〇月三日付で、江戸長重が先祖相伝の所領である江戸郷前島村を北条得宗家《とくそうけ》（北条氏家督）に寄進する旨を記した避状《さりじょう》である。そこには長重が前島村を手放した理由として、同村では二、三年来の飢饉で百姓が一人も残らず逃散《ちょうさん》してしまい、公事《くじ》も勤めることができなくなっていたことがあげられている。この時期の大きな飢饉といえば、正嘉《しょうか》二年（一二五八）夏の旱魃《かんばつ》、秋の台風により、以後数年間も全国的に続いた正嘉の大飢饉にほかならない。果たして、同じ江戸郷内で江戸氏所領の前島村を襲ったこのような危機的状況と、将門墳墓のある芝崎村とは無関係であったのだろうか。ここはやはり同様の事態が芝崎村でも起こっていたと考えるのが自然ではなかろうか。

そこで一つの推定が可能となってくる。すなわち先の将門墳墓で発生した祟りと、この正嘉の大飢饉、および大飢饉によってもたらされた江戸氏による所領支配の危機という歴史的状況とが重ね合わせられているのではないかという推定である。いうまでもなく、こうした重ね合わせを進めたのは江戸氏である。江戸氏は墳墓の主＝祖霊将門の祟りを鎮めるためと称して、実は飢饉や飢饉による所領支配の危機を乗り切るために、それまで以上に将門祭祀を懇《ねんご》ろに催し、そこに一族ばかりでなく村民をも取り込もうとしたのである。江戸氏は飢饉によって彼ら一族と同様、というより、もっと計り知れない被害を蒙った村民の支配にあたり、飢饉と墳墓の主・将門の祟りとを重ね合わせることは、きわめて有効的な手段だとみなしたからである。

後鳥羽院の怨霊

鎌倉期における飢饉や異常気象と結びつけられた死者の祟りといえば、承久の乱で幕府方に敗れ、隠岐《おき》島へ配流となった後鳥羽院の場合がある。延応元年（一二三九）二月、後鳥羽院が配所先で六〇年の生涯を閉じると、すでに生前からその怨念による祟りが噂されていたこともあって、後鳥羽院怨霊に対する人々の畏怖は甚だしいものがあったという。たとえば民部卿平経高《つねたか》の日記『平戸記《へいこき》』（『史料大成』）延応二年七月九日条に載せる不思議な話、すなわち、「再び京都に還ることなく隠岐で没した後鳥羽院が、そのことを深く恨み、まず炎旱《えんかん》・疫病・飢饉を起こすことから始めて、天下を滅ぼそうと思っていると述べた」という話もその一つである。『平戸記』には後鳥羽院怨霊関係の記事と合わせて、当時の炎暑による深刻な旱魃状況も詳細に記されているが、先の話などは人々がそうした異常気象を後鳥羽院怨霊の祟りと結びつけて理解していたことを伝えてくれる好例であろう。

また、中世江戸の将門伝説では、将門の祟りが、いま話題としているようにその墳墓の荒廃から始まっていることも気になるところである。「共同的観念としての怨霊は、怨霊祭祀の具体物を必要としていたのであり、それが〝首形〟であった。これは塚や種々の遺物・遺跡についても同様であろう」という先学の指摘があるが（矢代和夫「平将門—首の怪異譚をめぐって—」梶原正昭先生古稀記念論文集刊行会編『軍記文学の系譜と展開』汲古書院、一九九八年）、たしかに江戸郷の飢饉当時、怨霊祭祀の具体物＝将門墳墓の荒廃をもって祟りの発生を説くことは、将門祭祀を強調する上で有効な手段となったことは疑いあるまい。もっとも平安末期における秩父平氏の江戸移住に際し、祖霊としての将門信仰が持ち込まれたことは動かないとしても、それがいつの頃から墳墓の形をとるようになったかについては、残念ながら不明とせざるをえないのである。

江戸氏から村民へ

以上、中世の江戸郷芝崎村で進められた将門墳墓の祟り→将門祭祀の強調は、飢饉のために危機的状況に追い込まれていた江戸氏による所領維持対策の一環であったとの推定について述べてきたが、実はこの江戸氏による将門墳墓の祟りと飢饉との重ね合わせこそが、当初の領主江戸氏から村民へと将門伝説の管理者を移行させた最たる要因だったのである。この点、より具体的にいうならば、両者の重ね合わせは、たしかに領主江戸氏による将門祭祀への村民の取り込みから始まったが、それはまた、のちに江戸氏が衰退していく中で、村民側がみずから主体になって、将門祭祀＝村民の安穏を願うための行事として継続させていくきっかけにもなったということである。「浅草日輪寺書上」が、祟りの鎮魂・宗派の改宗・産土神への合祀などといった出来事について、すべて村民の側に引きつける形で話を展開させているのも、将門祭祀の担《にな》い手が村民主体になっていった段階での産物であったからにほかならない。すなわち、将門祭祀の担い手は、領主江戸氏一族のみの段階から、飢饉という中世社会の厳しい現実をきっかけとしながら、江戸氏のもとでの江戸氏・村民共同の時期をへて村民主体の段階へと移行していったのである。

なお、江戸氏による将門祭祀の強調に関しては、一点、付け加えておきたいことがある。それは、たとえ正嘉の大飢饉が最初のきっかけをつくったとしても、その時点のみに限られるものではないということである。飢饉もしくは飢饉的状況がたびたび発生した中世社会においては、それは繰り返し行われたと考えるのが妥当であろう。あるいは「浅草日輪寺書上」の話は、その結果、伝説として定着するようになったことを示しているともいえるのである。

遊行上人の登場

「浅草日輪寺書上」が伝える将門墳墓の祟りの意味を右のように考えてくると、その鎮魂者として時宗の遊行《ゆぎょう》二代上人《しょうにん》＝他阿弥陀仏真教《しんぎょう》が登場させられていることについて、これもまた江戸氏の関与という視点から検討する必要が生じてくる。そこで最初に注目したいのは、時宗の開祖一遍および真教がともに、先の「大福長者江戸重長」の項でも触れた、江戸氏一族の勢力下にあって、中世、水上交通の要地として栄えた隅田川右岸の武蔵国石浜を訪れていることである。一遍の生涯を描いた絵巻物『一遍聖絵《いっぺんひじりえ》』巻五詞書には、奥州から常陸をへて、弘安四年（一二八一）、石浜に至ったところで病み臥した時衆四、五人を、同地に残さざるをえなくなった時の悲しみを詠んだ一遍の和歌が載せられているが、『他阿上人家集』などによると、真教もまた乾元元年（一三〇二）頃、「浅堤」＝浅草や石浜に立ち寄っており、当時、すでに「石浜の道場」も開かれていたのである（橘俊道・梅谷繁樹『一遍上人全集』春秋社、一九八九年、『遊行上人縁起絵』角川書店、一九七九年）。

こうした一遍・真教の石浜訪問に加えて、これも先に紹介したように、一五世紀前半の江戸氏一族の名前を書き上げた文書中、「いしはまとの（石浜殿）」と将門墳墓の地の領主「しはさきとの（芝崎殿）」とが併記されているのを見出す時、真教の訪問地＝隅田川右岸の石浜→将門墳墓の地＝江戸郷芝崎村といったラインを想定することも十分に可能になってくるのではあるまいか。そして、それはまた「浅草日輪寺書上」において、芝崎村での将門墳墓の祟りの鎮魂者として真教が登場してくることについても、単なる想像上の物語ではなくなってくることを意味していると考えられるのである。とはいえ、ここで真教の芝崎村招聘を史実そのものといっているわけではない。その可能性も含めて、「浅草日輪寺書上」の話に彼が登場させられていることの意味を問うているのである。なお正嘉の大飢饉と真教東国遊行との間には、年代的に四〇年以上もの開きがあるが、この点、先に述べておいた、江戸氏による将門祭祀の強調が正嘉の大飢饉をきっかけにして始まったとしても、その後、飢饉もしくは飢饉的状況が生じるたびに繰り返し行われたであろうという推定と深く関わる。おそらく将門供養譚そのものは当初から語られていたが、真教の東国遊行以後、それが真教（もしくは他の時宗僧）の行なった供養として語られるようになったと考えられるのである。

江戸氏と一遍（時宗）をつなぐもの

江戸氏と時宗との関わりといえば、江戸氏と一遍の実家と伝えられている、水軍を擁して瀬戸内海地方を中心に勢力をふるった伊予の名門河野《こうの》氏との間で婚姻関係が認められることも見逃せない。より具体的にいえば、この河野氏の菩提寺である長福寺（愛媛県東予市）伝来の河野系図のうち、弘安四年のモンゴル襲来の際に活躍したことで著名な通有《みちあり》（一遍の従兄弟、もしくは従兄弟の子と伝えられる）の子通忠の

条に「母は江戸太郎が女なり」という注記が見出されるのである。この注記をめぐっては、これまで、

(1) 河野通忠の母（通有の妻）は、治承・寿永の内乱当時、大福長者と呼ばれていたという江戸重長の子忠重の娘である。

(2) 伊予江戸氏の存在が、建武三年（一三三六）の足利直義軍による比叡山攻撃の際、直義方に属した河野通盛の軍勢のうちに、江戸六郎太郎重近・同弥四郎らの名前がみえることなどによって確認できる。

(3) 江戸氏の一流は、確証はないが、承久の乱で恩賞地として伊予国内に領地を得たことを契機に伊予へ渡ったものと推定される。

などといった指摘がなされている（前島康彦「武蔵江戸氏をめぐる諸研究」〈前掲萩原編『江戸氏の研究』名著出版、一九七七年〉、渡辺智裕「江戸氏研究の成果と鎌倉期の江戸氏の婚姻関係について」〈『豊島区立郷土資料館研究紀要・生活と文化』九号、一九九五年〉）。これらの指摘をうけ、問題の河野系図にみえる注記の信憑性も認められるとして、あらためて話を一遍の武蔵石浜訪問に戻した場合、次の推定が可能となってくる。それは、一遍はすでに彼の一族の河野通有のもとへ嫁し、通忠の母となった女性の実家である江戸氏一族の領地＝隅田河畔の石浜へ、ちょうど通有・通忠父子が九州でモンゴル軍と戦った年に立ち寄っているということである。

さて、こうした江戸氏と河野氏との関係を前提とする時、一遍の立ち寄り先が石浜であったこと、同地に四、五人もの病僧を残せたこと、約二〇年後に真教が立ち寄った際には道場までもが開かれていたことなどに関する理由、および肝腎な「浅草日輪寺書上」の伝える江戸郷芝崎村の将門亡魂譚に真教が登場させられていることの意味も明らかになってくる。このうち後者についてさらにいえば、真教はたまたま東国遊行中に芝崎村に立ち寄ったのではなく、また当初から村民に乞われて供養を行なったのでもなく、将門祭祀の強調を意図した江戸氏により、将門墳墓の祟りの鎮魂者として芝崎村に招かれていたということである。

ただし、この仮説には大きな問題がある。それは江戸氏と一遍（時宗）を結びつける上で前提となるはずの一遍と河野氏との関係、すなわち、これまでの通説＝一遍の河野氏出身説そのものの見直しが求められ、とくに「一遍の遊行を陰に陽に支えたのが河野氏の力であったとするような理解」に代表される、「一遍を河野氏と過剰に結び付けて理解しようとする見方」――たとえば筆者の一遍関係の論考などもその典型例としてあげられている――に批判が出されているからである（山内譲「一遍の一族―鎌倉時代の伊予河野氏―」〈『日本歴史』七六三号、二〇一一年〉）。たしかに、指摘をうけた一遍研究の根本的課題、さらには江戸氏と河野氏の婚姻関係を記した系図自体の信憑性が不明確なままでは、右の仮説にしてもあくまで仮説のままでとどめざるをえないことは付記しておきたいと思う。

図８　将門山大明神（千葉県佐倉市）

将門から佐倉惣五郎へ

中世江戸の将門伝説のうち、最後に御霊神将門の近世へのつながりという面から次の二点を付け加えておきたい。まず一つ目は、御霊神としての将門が、近世、新たな御霊神を生みだしていることである。江戸前期の百姓一揆の指導者として有名な下総佐倉領の名主佐倉惣五郎がそれである。この惣五郎については、承応年間（一六五二〜五五）、領主堀田正信の苛酷な政治を四代将軍家綱に直訴《じきそ》したため、当人夫婦は磔《はりつけ》、四人の子どもは打首に処せられたことから、怨霊となって正信を改易《かいえき》（領地没収）に追いこんだという話が伝わっている。それは、一八世紀後半から一九世紀初頭に成立したといわれる『地蔵堂通夜物語』に詳しいが、事件の実否は不詳。ただし後述するように堀田氏が改易されたり、その領内に惣五郎という農民が存在していたことは史実である。

ここでは、右の惣五郎と将門とが結びつけられるようになった過程を示す一例として、今日も、千葉県佐倉市のうち、その一帯が「将門山」と呼ばれる地に存在し、将門を討った藤原秀郷、あるいは将門の子孫と称する千葉氏が建立したという将門山大明神（正式名称は将門神社）と石の鳥居にまつわる話に注目しておきたい。というのも、石の鳥居には、承応三年、古くからの社殿とは別に新しく将門大明神（平親王社）が造営され、そのさいにこの鳥居が寄進されたと刻まれているにもかかわらず、寄進者として問題の堀田正信の名が刻まれていること、また承応三年が惣五郎刑死の翌年にあたり、さらに数年後には正信が幕閣の失政を批判した上書を提出し、幕府に無届けのまま、佐倉に帰ったことによって、堀田氏が改易になっていることなどから、歳月を経るにつれ、将門山の石の鳥居は、実は惣五郎の祟りを鎮めるものであったと、人々によって信じられるようになっていったとの指摘がなされているからである（鏑木行廣『佐倉惣五郎と宗吾信仰』崙書房出版、一九九八年）。すなわち、御霊神惣五郎誕生にさいし、古くから下総佐倉の地で祀られ語り伝えられていた御霊神将門の存在が大きな役割を果たしているのである。まさに御霊神将門が御霊神惣五郎を誕生させたことになるのである。

江戸の総鎮守神田明神

御霊神としての将門は、彼が何故、近世、徳川幕府や江戸の民衆によって尊崇をうけたかという問題とも密接に関わる。近世へのつながりという面から、いま一つ付け加えておきたいのは、この点についてである。神田明神は、徳川氏入国後の江戸城大拡張工事にともなって、慶長八年（一六〇三）頃、当初の芝崎村から駿河台へ、さら

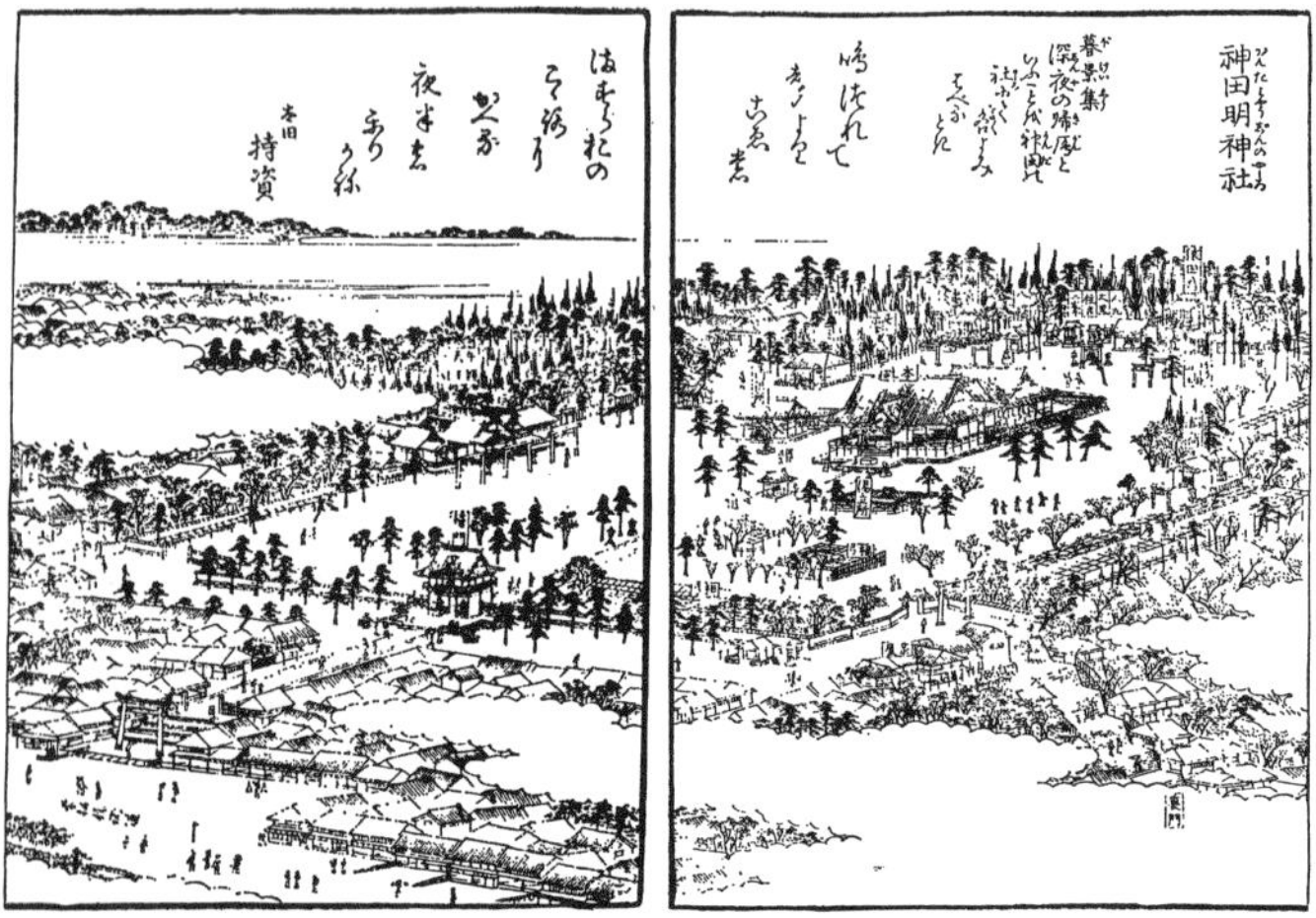

図９　神田明神社（『江戸名所図会』より）

に元和二年（一六一六）、現在の千代田区外神田の地へ移されているが、『御府内備考』続編には、元和三年の造営後、たびたび火事などに見舞われ、そのつど造営・修復が行われたさいの棟札《むなふだ》の写し数枚が収められている。ここで興味深いのは、元和三年（二代将軍秀忠時代）の棟札にはみえない「武州豊島郡江戸惣鎮守」の文字が、四代将軍家綱時代の寛文元年（一六六一）以来、記載されるようになっていることで、おそらくこの間に、幕府により「江戸惣鎮守」として公認されたものであろう。また神田明神は、元和三年、幕府から朱印地三〇石を与えられているが、これより早く、すでに天正一九年（一五九一）には家康によって同額の寄進がなされているとし、その額が山王権現五石、湯島天神五石、芝明神一五石と比べてはるかに多いことから、いかに手厚い信仰をうけていたかがうかがえるという指摘もある（鈴木前掲書）。神田明神の祭礼のさい、幕府公認の天下祭りとして、すこぶる華美な行列が繰りひろげられたというのも、うなずけるところである。

江戸惣鎮守といい、社領三〇石のことといい、さらには、天下祭りといい、徳川幕府がこれほどまでに神田明神の待遇に意を用いたのはなぜであろうか。これに関して『御府内備考』続編は、「家康の先祖の世良田《せらだ》次郎三郎親氏《ちかうじ》が当社の神前で開運を祈って通夜をしたさい、霊夢の中で梅の折枝を授けられ、その梅の数ほどの子孫をへたのち運が開けるとのお告げがあった」とか、「家康が戦勝の祈禱をした甲斐があって、祭礼の日にあたる九月一五日、関ヶ原の戦いで勝利をおさめた」などといった話を載せている。また当の神田神社社務所内の史蹟将門塚保存会刊『史蹟将門塚の記』は、尊王思想が興ることを恐れた幕府は、お膝元の鎮守神として、朝敵といわれながら、坂東の民衆に敬愛されてきた武人将門を祀る神田明神が、もっともふさわしいとみなしたと推定する。

しかし、ここで再び持ち出したいのは、かつて平安時代末期、秩父地方から進出してきた江戸氏が、みずからの祖霊将門とともに、古くからの当地＝芝崎村の産土神を祀ったのではないかという、先に述べた推定である。徳川氏の江戸入りにさいしても、先住の神・将門に対し、同様の措置がとられたであろうことは十分に考えられるのであり、まして将門が祟る神＝御霊神であるだけに、その可能性はさらに高まる（加門七海『平将門は神になれたか』ペヨトル工房、一九九三年）。

というのも、祟る神は江戸の民衆生活にも直接、多大な影響を及ぼすからである。徳川氏の入部以来、江戸という都市の拡大＝地域開発が進み、川辺に人家が密集してくると、悪疫が流行しやすくなるが、その原因について、非業《ひごう》な最期をとげた武将の怨霊の祟りとする語りが受けいれやすかったという指摘は実に魅力的である（宮田登「江戸の天下祭り」『東京人』一〇五、一九九六年）。

近世文芸の中の将門伝説

『前太平記』にみる将門伝説

壮麗な王城

江戸時代は農業生産力の向上、それにともなっての商品経済の発達の時代として知られているが、元禄文化や化政《かせい》文化に代表される文化面の発展も著しく、なかでも庶民の心をとらえた文学作品、および浄瑠璃《じょうるり》・歌舞伎の人気は高いものがあった。江戸時代の将門伝説の顕著な特色は、中世以来の話が拡大・誇張されるとともに、新たな虚構を創り出し、伝奇的な傾向を強めながら、庶民に愛好された文学や芸能の世界に登場させられていることである。

そこでまず、一七世紀後半の成立で、一〇世紀初頭から一二世紀前半に至る諸合戦・諸事件を、経基《もとつね》以来の清和源氏嫡流の武将たちの活躍を軸に描き、その後における将門伝説の文芸化、および各地の地誌類の編纂にさいして大きな影響を与えたとされる『前太平記《ぜんたいへいき》』から具体的に三話ほどみていくことにする（板垣俊一校訂『前太平記』国書刊行会、一九八八～八九年）。

『前太平記』のうち、巻一の「将門謀叛事付内裏《だいり》造営事」から続いての「将門僉議《せんぎ》事付公連諫《きんつらかん》死《し》事」の前半によると、下総《しもうさ》国猿島《さしま》郡石井郷に都を造営し、平親王と号して百官を定め、また坂《ばん》東《どう》諸国の国司を任命した将門が、ついで実際に坂東八か国の制覇に乗り出そうとし、それを成し遂げた暁には都へも攻め上り、天皇を遠島《えんとう》にして新皇帝をもうかがおうとしているという見通しまでもが語られている。これが『将門記』にみえる、常陸国庁襲撃→下野《しもつけ》国進撃→上野《こうずけ》国府占領→同国府での新皇即位の儀式→坂東諸国の国司の任命→王城建設を協議して下総国亭南に建てることに決定→左右大臣・文武百官の決定、という流れと大きく異なっていることは、容易にわかるところである。『将門記』の将門が、常陸・下野・上野といった国々を攻略したのち、新皇と称して国司を任命し、都の造営に取りかかろうとしているのに対し、『前太平記』では先に内裏を完成させ、平親王として百官・国司の決定ののち、諸国へ出兵することになっているのである。

また各々の具体的な記述にしても、たとえば『前太平記』では『将門記』の「新皇」ではなく、「平親王」を称していることなど――『前太平記』が新皇即位の場面を載せていないのも興味深い――、両本間には大きな違いがみられる。なかでも注目されるのは、『前太平記』では、すでに指摘したように内裏が完成していることである。南北三六町、東西二〇町にわたる広さで、四方には一二の門を建てて大層立派に造営された内裏の見事さは、秦の始皇帝の宮殿咸陽宮《かんようきゅう》も及ばないほどであるとして、その虚構の美を称賛しているが、以後、こうした壮麗な王城のイメージが定着していくことになる。現茨城県坂東市の国王神社に伝わる、元文三年（一七三八）に記された『国王大明神縁起演書』にも、

既ニ内裏ノ造営コソ始リケル。平安ノ都城ニ似テ、南北三十余町東西二十余町ニ造リ立テ四面ニ、三・四ノ門ヲゾヒラカレケル。善ヲ尽シ美ヲ尽シ金銀珠玉ヲ磨キツツ塵モヰガタキ宮殿ナリ。

とみえているところである（前掲村上『平将門伝説』参照）。なお、こうした『前太平記』における内裏の強調については、「中央の王権と対峙するもう一つの新しい王権が誕生したということを、とりわけ語らんがためである」（前掲板垣校訂『前太平記』解題）という見方もあるが、継承すべきであろう。

ほかにも国司の任命に関する記事は、両本間で次のように微妙な違いをみせている。

舎弟将平―「文」から「武」へ―

表1でとくに目につくのは、『将門記』では国司に任命されていない将門の弟将平の名が、『前太平記』に上野介としてあげられていることである。将平といえば、すでにみたように将門側近の一人伊和員経《かずつね》とともに、将門の新皇即位にさいして、これを思いとどまらせようと諫言《かんげん》し、あるいはそのためか弟の中では彼のみ国司に任命されなかった人物として『将

門記』に描かれていること、また現茨城県常総市に残る伝承によると、菅原道真の子景行のもとで学問に励んでいることなどから、兄将門と比べて穏やかな「文」の人としての印象が強いものがある。しかし、その将平が『前太平記』では上野介に任命され、二万余騎をもって武蔵守源経基の箕田《みた》城を攻めるも、かえって経基の計略のために敗走させられるなど、将門軍の一方の大将として坂東諸国を転戦し、将門の討ち死に後に彼もまた最期を遂げるという架空の物語の世界で、「武」の人へと転換させられているのである（巻三のうち「将門発向事付繁盛意見事」〜巻六のうち「大葦原四郎将平最後并《ならびに》五郎将為討死事」）。

表1 国司対照表

国司名	〈将門記〉	〈前太平記〉
下野守	平将頼（弟）	同上（御厨三郎）
上野守（介）	多治経明	平将平（弟）（大葦原四郎）
常陸介	藤原玄茂	多治経明
上総介	興世王	藤原玄茂（常陸介とも）
安房守	文室好立	興世王
相模守	平将文（弟）	文室好兼
伊豆守	平将武（弟）	同　上
下総守	平将為（弟）	同　上

なお『前太平記』とまったく同じ国司名をあげたり、『前太平記』とはそれぞれ状況は異なるも、戦う将平を描いているものに『将門純友東西軍記』があるが、同書の成立は既述のように近世前期以前、あるいは室町期までさかのぼるといわれている。また室町時代の御伽草子『俵藤太物語』も将平を上野介としていることをはじめ、類似の国司名をあげている。

とすれば、こうした国司名の混乱、および将平の「文」の人から「武」の人への転換が始まった時期もこのあたりに求められるのであろうか。

将平＝「武」の人に関連して、埼玉県の秩父地方に残る伝承についても紹介しておかねばならない。同地方は将門関連の伝説遺跡が多いことで知られているが、近世後半、文政一一年（一八二八）に成立した江戸幕府官撰の地誌『新編武蔵風土記稿』（『大日本地誌大系』、雄山閣）によると、現秩父市吉田石間の城峰《じょうみね》（石間）城跡について、土地の人々の間では、それが将門の弟「御厨《みくりや》三郎将平」の城跡として伝えられており、周辺にはほかにも「将平明神」「伝将平墓」などの遺跡が残っているからである（梶原・矢代前掲書、前掲村上『平将門伝説』）。もっとも「御厨三郎」は将平の兄将頼の通称で将平の「大葦原《おおあしはら》四郎」とは異なるという疑わしい点もあり、城跡は将門居城の跡だとか、将平は秩父平氏の畠山将平のことを指すなどといった異説もある。それらの検討も含めて、このような近世地誌が取りあげた土地に伝わる話と、いま話題にしている『前太平記』をはじめとする文芸作品との間の交渉のあり方については、たとえば次のような貴重な手がかりが残っているかぎり、困難とはいえ今後とも解明の努力が継続されていかなければならないであろう。それは寛延二年（一七四九）成立の『葛飾記』にみえる、敵の藤原秀郷に将門の弱点を教え、将門を滅亡に追い込んだ話で著名な将門の愛妾・桔梗《ききょう》に関しての、「桔梗の前の事、前太平記には見ず、只、言伝へのみ也」という記述である（前掲村上『平将門伝説』）。そこからは、いかに当時の地誌類の編纂にあたって『前太平記』の信用度が高かったかということ、その一方で地元の「言伝え」もまた、しっかりと語り継がれていたことがうかがわれるからである。

新たな諫言者

『前太平記』から紹介したい二つ目の話には、将平の「武」の人への転換にともない、新たに謀叛を諫める人物として将門の従弟六郎公連《きんつら》が登場してくる（巻一のうち「将門僉議付公連諫死事」）。話のあらましは、将門配下のおもだった者による謀叛の評議の場で、先述のように、将門が「これから坂東八か国を制圧したのち、京都に攻め上って今上帝を遠島に遷《うつ》し、自分が新皇帝になる」と宣言したさい、はるか末座にいた公連が涙を流しながら、「いま以上のことを望んではいけない」として将門を諫めたものの聞き入れられず、ついに左の小脇に刀を突き立てて自決したというものである。

公連といえば、将門の宿敵で伯父にあたる平良兼の子である。『将門記』でも父とともに将門と敵対する側の陣営にその名が記され、また将門敗死後の余類追討の記事中、下総権少掾《しもうさごんのしょうじょう》の公連が押領使に任じられ、謀叛人一味の掃討にあたっているのである。とすれば、その公連がなぜ将門の諫言者となっているのであろうか。この点、近世後期の読本《よみほん》作家滝沢（曲亭）馬琴《ばきん》は、のちに具体的に取りあげる『昔語質屋庫《むかしがたりしちやのくら》』の中で、『将門記』に将平と同じく将門への諫言者として出てくる伊和員経との混同の可能性を示唆しているが（鈴木重三・徳田武編『馬琴中編読本集成』一二巻、汲古書院、二〇〇二）、ここはやはり将平と公連の入れ替わりとみなして、その背景には先にも指摘した、『将門記』の将門が一族間の私闘から始まって、やがて国家への謀叛（国司襲撃・追放、新皇即位）へと踏み出していくのに対し、『前太平記』の将門は都を造営し、平親王として国司人事などを行なってから関東制圧、さらには都にまでも上っていこうとしているといったような、『将門記』と『前太平記』との構成の違いという問題があることにあらためて注目してみる必要があるのではなかろうか。

このように考える時、すぐに気がつくのは『前太平記』においてはまさに「はじめに謀叛ありき」という設定になっていること、それゆえ『将門記』で展開される一族間の私闘は作者の視野の外におかれているということである。『将門記』では、あれほど将門に憎悪の念をたぎらせていた公連の父良兼の名前すら、『前太平記』からは見出せないのもこのためである。またこれも将門の伯父で、『将門記』と同じく将門に討たれることになる平国香《たいらのくにか》にしても、将門謀叛の意向を知って将門のもとを退出してきた子息兼任からの情報により、常陸国大掾として兵を出したもので、その戦いは一族間の私闘としては描かれていないのである（巻三のうち「将門蜂起事付清見原天皇事」「御厨三郎軍事」ほか）。と同時に、国香の場合、最終的に将門追討の立役者となる長男貞盛を導き出すための前提として登場させられているとの感すら受けるのである。すなわち『将門記』において将門と敵対している人々は、「はじめに謀叛ありき」の『前太平記』では姿を消されるか、一族間の私戦ではなくあくまで追討戦として戦わされるか、あるいは将門を諫めたり、そのもとを退去したりするかなどといった位置へと転換させられることになったと考えられるのである。

なお『前太平記』に描かれている、将門と激しく戦った人物のなかに国香の次男（貞盛の弟）の平繁盛がいることも気になるところである。というのも『将門記』には繁盛の名が見出せないからである。しかし、実際に彼が将門との戦いに参加していることは、後年、繁盛が朝廷に提出した上申書でも、将門の乱の時、兄や藤原秀郷とともに懸命に戦い、功をあげたにもかかわらず、恩賞からもれてしまったと嘆いていることからも明らかである（寛和三年〈九八七〉正月二四日太政官符―『続左丞抄』第一）。多くの虚構の世界が描かれた『前太平記』のなかに、思いがけない史実が紛れこんでいる興味深い事例といえよう。

再び、将門の子孫伝説

伝承世界における将門の遺児といえば、如蔵尼という女性と良門《よしかど》という荒武者がよく知られている。このうち如蔵尼については、すでに紹介ずみなので繰り返さないが（「伝説の中の将門」の章のうち、「将門の子孫伝説」の項）、もう一人の良門については、まず一一世紀前半に成立した仏教説話集『本朝法華験記《ほんちょうほっけげんき》』巻下一一二にみえる話が注目される（日本思想大系、岩波書店）。それは坂東の地に生まれ、弓矢・駿馬をもって狩猟・漁撈の殺生を事とする荒武者の壬生《みぶ》良門が、空照という一人の聖との出会いから発心《ほっしん》し、殺生を断ち、また法華経を書写するなどして兜率天《とそつてん》に往生したというものである。ただし、ここでは猛々しさという点で良門のイメージと将門のそれとは重なるものの、まだ二人の父子関係については言及されておらず、それがはっきりと示されるのは『今昔物語集』までまたなければならなかった。すなわち『今昔物語集』は、良門の生まれを坂東から陸奥へと変更したほかは『本朝法華験記』と類似の話を収めるとともに、陸奥国国府の小松寺に住む沙弥《しやみ》について、「名ヲバ蔵念ト云フ。此レハ、平ノ将門ガ孫、良門ガ子也」として将門―良門―蔵念という祖父・子・孫の関係を明記した話も載せているのである（巻一四―一〇、巻一七―八）。

こうして『本朝法華験記』（一一世紀前半）から『今昔物語集』（一二世紀前半）に至るまでの間に、良門を将門の子とする話が生まれていったことが推定されるのである。ただし、『本朝法華験記』において将門・良門の父子関係が記されていないことに関しては、一一世紀初頭以前から東国在地の説話として語られていたものが『本朝法華験記』に取りあげられていった当時、良門といえば将門の一子であることは暗黙の了解であった可能性も否定できないという意見が出されていることを付け加えておきたい（梶原・矢代前掲書）。ここにも文芸作品と在地伝承との交渉というテーマを考える素材が示されているからである。

姉と弟

ところで右のように『今昔物語集』などは如蔵尼と良門という二人の将門遺児の話を取りあげながら、あるいは如蔵尼を「将行の三女」としていることもあってか、両者の関係には一切触れていないが、中世をへて近世初頭までの間には『前太平記』にみえるように、二人を姉弟とする話が生まれている。すなわち『前太平記』のうち、最後に取りあげたいのは巻一八の「如蔵尼　幷《ならびに》平良門事」〜巻一九の「平良門蜂起事付多田《ただ》攻《ぜめの》事」で語られている姉弟の話である。

まず話は姉如蔵尼から始まっているが、先の『今昔物語集』や『元亨釈書《げんこうしやくしょ》』と同じく、その基本は地蔵菩薩による如蔵尼の蘇生譚である。ただ前代の話の地獄場面には、直接、亡父将門（将行）が登場してこないのに対し、こちらは将門ら縁者たちが鉄鋸《てつこ》地獄（熱鉄の鋸《のこぎり》で挽《ひ》き切ったりする地獄）で責めさいなまれる姿をみせられた如蔵尼が、彼らを救うために地蔵菩薩の言葉にしたがい、蘇生後、剃髪《ていはつ》出家してひたすら地蔵を念じる話になっていることは注目される。もちろん、この方が如蔵尼蘇生の意味がわかりやすくはなっている。しかし、これにより父に代わって苦（病死→地獄堕ち）を受けてからの蘇生という、いわゆる代受苦者としての如蔵尼の厳しさが薄まり、ただ罪人の救済を念ずるだけという、ごく当たり前の役割にとどまってしまい、かつての如蔵尼の蘇生が将門の復権を暗示させるという緊迫感が後退しているようにも感じられるからである。

如蔵尼の蘇生譚に続いて、『前太平記』はこの如蔵尼がどうして良門と関わりをもつようになったか、そのいきさつを語る。すなわち将門滅亡当時、良門を身籠っていた将門の妾は本国の常陸国へ逃げ帰って出産するが、その父（良門祖父）は朝敵の遺児であることをはばかって良門を奥州の如蔵尼のもとへ送り、これを彼女が母代わりになって苦労しながら育てたというものである。こうした姉弟の話も一五歳になったところで、如蔵尼から自分が将門の遺児であるという出自を告げられた良門が父の敵討《かたきう》ちを決意したことによって大きく転換する。翌年一六歳で密かに元服した良門は、祖父良将《よしまさ》、父将門からそれぞれ一字をもらって「将軍太郎平良門」と名乗り、出家を勧める姉如蔵尼をふりきって出奔《しゅっぽん》したのである。

良門の多田攻め

その後、長年にわたって諸国を巡り、ようやく少々の悪党らを従えて播磨国の三石《みついし》の奥に柵をかまえた良門がねらいをつけたものこそ「多田《ただ》の新発意満慶《しんぼちまんけい》」の新田城《にったじょう》であった。多田とは現在の兵庫県川西市に比定される摂津源氏の本拠で、新発意とは出家してまもない人を指していう。すなわち多田の新発意の「満慶」とは、『将門記』の中で足立郡司武蔵武芝と争い、調停にはいった将門に謀叛の心ありと、都に注進した武蔵介として登場する源経基の子で、また新発意とあるように『今昔物語集』巻一九―四にみえる殺生無慚《むざん》の武士の出家譚でも知られる多田満仲《みつなか》の法名にほかならない。永延三年（九八九）、良門は内裏守護のために在京中の嫡男頼光をはじめ、満仲を除く一族のおもだったものたちの留守をねらって多田を襲ったが、急を聞いて駆け戻った頼光勢と激突、最後は頼光四天王の一人渡辺綱《わたなべのつな》によって討ちとられてしまうのである。

以上が『前太平記』に載せる将門の遺児如蔵尼・良門の話であるが、一読して明らかなように、そこでは仏教信仰色の濃厚な前代の話とは異なり、父将門の敵《かたき》を討とうとする良門の怨念が前面に押し出されているところに特色がある、とすれば次に問題になってくるのは、やはりなぜ満仲が良門の襲撃対象となったかということであろう。この点に関して興味深いのが『扶桑略記《ふそうりやっき》』天徳四年（九六〇）一〇月二日条にみえる、次のような内容の記事である。

近日、人々の間で故平将門の息男が入京したという噂が広まっている。そこで朝廷では検《け》非違使別当《びいしべっとう》を通じて検非違使、蔵人頭《くろうどのとう》を通じて源満仲・大蔵春実らにその行方の捜索を命じた。

実際に将門遺児が入京したとして、何か不穏な事の起こりそうな噂が広まっていること、その捜索を命じられた武者の中に満仲が含まれていること、これらが良門による満仲居館襲撃の話の素材になった可能性は高いものがあろう（前掲村上『平将門伝説』）。しかも、これもまた現実に、同年もしくはその翌年、満仲宅が醍醐天皇の孫や土佐権守蕃基《しげもと》らの強盗一味に襲われ、満仲みずから賊の一人を捕えるという事件が起こっており、天延元年（九七三）にはやはり強盗集団によって満仲宅がとり囲まれて放火され、周辺の五〇〇戸も延焼するという事件も起こっているのである（『扶桑略記』『古事談』『日本紀略《にほんきりやく》』）。すなわち清和源氏嫡流の活躍を描こうとする『前太平記』の作者にとって、右にあげた実際に起こった出来事などは、そのための恰好《かっこう》な素材だったのではないだろうか。

このように虚構の世界を描きながらも、何らかの歴史的事実をもとに、いかにもそれらしく巧みに作られた話も含まれているためか、『前太平記』がかなり高い信用度をもって近世地誌などに取り入れられていることは、先に『葛飾記』に触れて注目したところである。それはこの良門にまつわる話にしても例外ではない。たとえば東京都西多摩郡奥多摩町棚沢の将門神社神官家に伝わる「平姓相馬家伝系図」には、天徳元年(九五七)、当地の神社で亡父将門の霊を祀った良門がそののち秩父へおもむき、ついで東山・北陸両道をへて山陰・山陽道の国々を廻り、永延三年(九八九)、三石を出立して新田城を攻めるも渡辺綱によって討たれたとある。後半の話が『前太平記』に依拠していることは明らかであろう(前掲村上『平将門伝説』)。

新旧の在地伝承

しかしその一方で、奥多摩の将門神社からそれほど離れていない埼玉県秩父市の定林寺に伝わる良門の話＝定林寺の縁起譚のように、『前太平記』の影響をうけず、古い要素を残したままの事例があることも見逃せない。次に示したのは、そのあらすじである(梶原・矢代前掲書)。

昔、東国に壬生良門という剛強で慈悲心のない、殺生放逸《ほういつ》の男がいた。良門の家臣林太郎定元は、この主人をたびたび諫めていたが、それを怒った良門によって追放されてしまう。放浪の途中、定元夫妻は病死し、残された一子は空照という旅の僧に育てられた。その子が成人し、空照と二人でしかるべき主人を求めて東国を廻るうちに良門と出会う。事情を知った良門は心を改め、定元の子に林太郎良元の名と父の遺領を与え、みずからは空照の教えのままに「法華経」を書写して定元夫妻の菩提を弔い、また林定元の名をとった定林寺を建立した。

たしかに右の話には、新たに良門家臣の林定元父子が加えられたり、その父子との関わりから良門発心の由来や定林寺建立のいきさつ——といっても『前太平記』に依ったものではない——が詳しく載せられている。しかし良門発心にさいしての空照の役割、良門の法華経書写に触れながら、将門・良門の父子関係には言及していないことなど、話の基本的な形は、先に紹介した一一世紀前半の『本朝法華験記』に見える良門説話と同様なのである。すなわち、良門に関しての東京都奥多摩地方・埼玉県秩父地方という距離的にも遠くない場所にそれぞれ残る二つの話は、文芸作品と土地に伝わる話との交渉の有様がさまざまであることをよく示しているのである。

山東京伝が描く将門伝説

京伝の読本へ

『前太平記』の如蔵尼・良門姉弟の話によりながら、とくに姉に関して新たに強烈な人物像を創り出し、今度はそれ自体が以後の将門遺児伝説に大きな影響を与えることになったのが、文化三年（一八〇六）に刊行された山東京伝《さんとうきょうでん》の読本《よみほん》『善知安方忠義伝《うとうやすかたちゅうぎでん》』である。そこでは京伝みずから、「良門のゆえよしを大路《たいろ》」、「善知と云謡曲の趣を径《こみち》」とすると記しているように、良門さらには如蔵尼という将門の遺児伝説と謡曲『善知鳥』に代表される善知鳥伝説を縦横にからませた物語が展開されている（叢書江戸文庫・佐藤深雪校訂『山東京伝集』国書刊行会、一九八七年）。このうち将門遺児伝説については先に述べているので、ここでは謡曲『善知鳥』と京伝によるその取り込みのあり方について簡単に解説しておくことにする。

まず謡曲のあらすじから紹介しておこう。なお京伝は「善知」と表記するが、以下、書名を除き、謡曲などでよく知られている「善知鳥」で表記する。

諸国をめぐり歩く僧が陸奥国の外が浜への旅の途中、越中立山の霊場に立ち寄った折のこと、山麓で出会った一人の老人から、去年の秋に亡くなった外が浜の猟師の妻子を尋ね、そこにある蓑と笠を手向けて弔ってほしいと頼まれる。

そのさい、証拠の形見として託された麻衣の小袖をもって外が浜に着いた僧が、亡き猟師の妻子を尋ね、依頼どおりに蓑笠を手向けて弔うと、猟師の亡霊が姿をあらわす。しかし亡霊は、わが子千代童の髪をなでようとしてもなでることはできなかった。この世にある時、親鳥が空中で「うとう」と呼ぶと地上に隠れている子鳥が「やすかた」と答えるという習性を利用して子鳥を捕えていたことによる報いだったのである。そして最後に猟師の亡霊は、鷹になったうとうから雉になった自分が追われるなどの地獄の責め苦をうけていると僧に告げ、苦しみからの助けを乞いながら姿を消していくのである。なお蓑笠は、子を捕えられた親鳥が流す血の涙に濡れないために猟師が身に着けていたものという。

さて京伝は右の謡曲のうち、越中の立山地獄に堕ちた奥州外が浜の猟師をモデルに、善知鳥安方という人物を先述の平公連（『前太平記』において将門の謀叛を諫めて自決）の子として登場させ、今度は良門（平太郎）を諫めて斬られるという亡父を引き継ぐ役割を与えて、やはり非業《ひごう》の死をとげることになる妻の錦木《にしきぎ》と共に、死後、「うとう〳〵、やすかた〳〵」と鳴く雌雄《しゆう》の鳥となし、

表2　謡曲『善知鳥』と読本『善知安方忠義伝』の人物対照表

『善知鳥』	旅　僧	奥州外が浜の猟師の亡霊	猟師の妻子（子・千代童）
『忠義伝』	鷺沼則友｛安方の妻錦木の兄／将門家臣の子｝	善知鳥安方｛父は将門の諫臣平公連／安方は良門の諫臣｝	安方の妻子｛妻・錦木／子・千代童｝

その亡魂に良門を諫めさせ続けているのである。また謡曲中の諸国をめぐり歩く僧には、安方の妻錦木の兄鷺沼則友《さぎぬまのりとも》（父は将門家臣という）をあてて、立山で安方の亡霊と会わせ、外が浜の妹を尋ねさせているのも物語を興味深くしているといえよう。すなわち、京伝は謡曲『善知鳥』の登場人物を亡魂になってまでも将門遺児良門を諫言し続ける将門・良門側＝平氏側の家臣に重ねあわせているのである。

一方、これに対して如月尼（如蔵尼のこと）・良門姉弟の前に立ちはだかる源氏側として配置されているのが、源満仲の勘気をうけた家臣大宅光雅《おおやのみつただ》の子光国と、その妻唐衣《からぎぬ》の夫婦である。また唐衣の父も源氏側に属し、敵方の妖術で乱心状態にあった源満仲の息頼信を諫めて斬られた忠臣として描かれているが、面白いのは藤六左近《とうろくさこん》という父の名前である。というのも、「伝説の中の将門」の章のうち、「超人化される将門」の項で紹介した『太平記』の話に登場する、獄門にかけられた将門の首をみて、「将門は俵藤太の計略で、こめかみから斬られてしまった」という歌を詠んだ「通りがかりの者」が、同じく軍記物語の『平治物語』では藤六左近となっているからである。京伝は将門の遺児と対立する源氏側の忠臣の名を、『平治物語』中の将門伝説からとっているのである。

なお藤六左近の妻綱手《つなで》（唐衣の母）も非業の最期をとげることになるが、この夫婦およびこれまであげてきた善知鳥安方・錦木、大宅光国・唐衣という主要登場人物の三組の夫婦の名は、いずれも先行の「前太平記物」の歌舞伎に見出されることが指摘されている（前掲『山東京伝集』解題）。

強まる伝奇的傾向

京伝の読本『善知安方忠義伝』において主要な役割を果たしている三組の夫婦を紹介したところで、次に主人公姉弟にしぼって物語の経過をたどりながら、話を進めていくことにしたい。

将門には相馬《そうま》の内裏《だいり》滅亡の時、聡明で美しく、また慈悲深い一四歳になる息女がいた。彼女は奥州に逃れて各地を転々としたのち、一六歳で出家して如月尼と名のり——『今昔物語集』をはじめとする将門伝説では如蔵尼——、恵日《えにち》寺の傍に庵を結んで人々から地蔵比丘尼と呼ばれた。この将門息女のもとへおくられてきたのが、将門の妾の産んだ、朝敵の胤《たね》として厳しく探索されることを危惧された平太郎。如月尼一八歳、平太郎四歳の時、姉弟はさらに人目につかぬようにと常陸国筑波山麓《つくば》へと移住した。

平太郎は成長していくにしたがい、父将門の性質を受け継いだものか、猛々しく勇ましいことを好むようになった。平太郎が一〇歳の頃、これを憂えた如月尼は亡父の名は伏せながら、父が悪しき心を持って非業の死をとげたため、自分たち姉弟もこのような境遇にあると告げ、悪業を止め、将来の出家に備えて手習《てならい》読経《どきょう》に励むように平太郎をさとし、平太郎も姉の教えに従った。

聡明・美人・慈悲深さはともかくとして、京伝が造形した如月尼と『前太平記』までの如蔵尼との相違は明らかである。如蔵尼の病死→地獄堕ち→蘇生→出家という流れのうち、病死から蘇生までがすっかり脱け落とされたまま、如月尼の出家が語られているのである。このため、すでに『前太平記』段階で、それまでの如蔵尼を特徴づけていた父将門の代受苦者としての厳しさが薄まり、如蔵尼の役割はただ将門らの救済を念ずるだけのものになっていたが、京伝の如月尼ではさらにそれ以上に信仰色の後退が進むことになっているのである。そしてこのことは、姉弟の常陸国筑波山麓への移住が、やがて平太郎が蝦蟇《がま》の術を会得《えとく》する伏線となっていることと深く関わる。また『前太平記』と違って、姉が弟に亡父の素性のすべて、とくに将門の名を明かさないのも、やがて平太郎がそのことを知るに至る、すこぶる伝奇的な趣向が用意されているからである。すなわち京伝の将門遺児譚では、その伝奇的傾向が強くうち出されていくことになるのである。

いったんは姉の戒《いまし》めを聞き入れたかのように思われたが、一五歳になっても出家する素《そ》振《ぶ》りもみせず、武芸に励んでいた平太郎は、ある日筑波山中で白髪の異人に姿を変えた、神変不思議な術を用いる大蝦蟇の精霊に出会う。白髪の異人はみずから肉芝仙《にくしせん》と名乗り、仏法王法を亡してこの世を魔界にしたいと思っていると述べ、平太郎に亡父が将門であることを教え、その髑髏《どくろ》を示しながら、さらに広大な相馬の内裏の様子、将門らによる叛逆評議の場を平太郎の眼前に現す。

こうして平太郎に亡父の志を継ぐことを誓わせた肉芝仙は、自身はもっとも手強《てごわ》い敵の源　頼　光《みなもとのよりみつ》対策を講じるとともに、平太郎には山を下り、諸国の味方を集めるように命じる。

将門の髑髏を持ち出すあたり、『平家物語』にみえる、怪僧文覚《もんがく》が源頼朝に対して亡父義朝の髑髏を示して挙兵を勧めたという話が思い出されるが、ここでの特徴といえば、やはり筑波山の大蝦蟇の精霊を登場させていることであろう。先に述べた平太郎が亡父の素姓を知るにあたっての伝奇的な趣向とは、右のように姉の如月尼ではなく、大蝦蟇によってそれが明かされることにほかならない。そして以後、大蝦蟇の操《あやつ》る、さらには平太郎が授かった妖術が話を大きく伝奇的な方向へと動かしていくことになるのである。

平太郎＝良門の旅

如月尼・平太郎姉弟のうち、京伝の読本《よみほん》においても平太郎――旅立ちにあたり、祖父良将・父将門の両字をとって良門と名乗る。以下、良門と表記――に与えられた役割が、亡父将門の敵《かたき》を討ち、天下をねらうことにあったとする点では、『前太平記』の場合と基本的に変わらない。ただ伝奇的傾向・物語性を強めるために、後述する姉如月尼のほかに三人の人物が関わってくることには注目しておく必要があろう。

まず一人目はその名が作品のタイトルにもなっている善知鳥安方である。彼は先に紹介しておいたように、『前太平記』において将門の謀叛を諫めて自決した平公連の子である。

安方が良門の前に現れたのは、良門が旅立ちを決意した折のことである。彼は父の自決後、将門のもとを追われ、奥州外が浜で狩猟・漁業を生業としていたが、殺生の報いが愛児に及び、また将門の残党余類の探索が厳しく行われていることなどを知ると、殺生を止め、良門探しの旅を続けていたのである。実は、先年、安方は将門最後の合戦の様子をみようと奥州から下総へ出てきた折、戦場で将門の腹心武蔵権守興世王の息五郎貞世から、今わの際《きわ》の遺言を託されていたのであった。遺言の内容は、懐妊中の将門の妾を逃れさせたが、若君誕生・成長の時は、将門から預かっている太政官印――藤原純友配下の海賊首領から贈られたもの――を朝廷に差し出して若君の命乞いをし、そののち若君を出家させ、将門および一門の菩提を弔わせてほしいというものであった。

ようやく旅立ち直前の良門を捜しあてた安方は、良門の謀叛心を知ると、これまでの経過を語りながら、その企てを非望であるとして諫めるが、このため良門によって斬られ、太政官の印も奪われてしまう。しかし安方は、ここで死んでも魂魄《こんぱく》となって良門に付き添い、いつまでも諫めつづけると述べて自害する。

実際、最後の言葉どおり、以後、安方は父公連のあとを引き継ぐかのように、良門に対する一貫した諫言者として描かれていくことになるのである。そして、その際の安方を特徴づけているのは、陸奥外が浜の留守宅に残され、貧苦の暮らしのあげく、非道の医師に責め殺された妻錦木の魂と一緒に「うとう〳〵」と鳴き、「やすかた〳〵」と呼びあう鳥になって、くり返し良門のもとへ現れてくることである。たとえば、この物語は諸国巡りののち、越中立山で合戦のための訓練の日々を送っていた良門のもとへ、敵（源頼信）の大軍が向かったとの情報が入り、いったん木曽、さらには九州へと落ちていくことにしたところで終わるが、その最終場面でも安方夫婦の霊魂が登場し、良門を諫めたのち、雌雄の鳥と化して「うとう〳〵、やすかた〳〵」と鳴いて飛び去っていくのである。なお巻末の付記によって、この『善知安方忠義伝』は良門の立山退去までを前編とし、『前太平記』に描かれているような、良門が源氏の多田城を攻める話などは未刊に終わった後編に予定されていたことがわかる。

三人のうちの残りの二人は、いずれも良門が味方を得るための旅の途中で関わりをもった人物である。一人は北陸道第一の難所といわれた越後・越中の境にある、親しらず子しらずで出会った安方の妻錦木の兄鷺沼則友、いま一人は立山の坂道を上る途中の良門を襲った盗賊集団の大王(首領)伊賀寿太郎。則友は将門最後の合戦で主君とともに討ち死にした鷺沼庄司光則の子で、亡君・亡父の菩提を弔うために諸国をめぐっていた、いわゆる廻国《かいこく》の修行者である。彼もまた越中立山で出会った義弟安方の亡霊に依頼され、良門を捜しだして諫めるが、いったん聞き入れるふりをした良門によって斬られてしまう。謡曲『善知鳥』に登場する諸国をめぐり歩く僧をモデルとして、京伝が造形した人物であることはいうまでもあるまい。三人目の伊賀寿太郎は将門とほぼ同じ頃に西国《さいごく》で反乱を起こした藤原純友の遺臣で、良門が将門の遺児と知り、自分もまた主君の弔い合戦のために軍兵を集めていたと告げる。そこで元服して将軍太郎と名乗った良門は、この老首領と両大将となって時のいたるのを待つことになるのである。なお良門が安方から奪いとった例の太政官の印を将門に贈った海賊首領とは、実はこの伊賀寿太郎だったのである。

印象深い善知鳥安方

右の良門と深い関わりを持つものとして描かれている善知鳥安方、鷺沼則友、伊賀寿太郎のうち、もっとも強い印象を残すのはやはり善知鳥安方であろう。その理由として注目されるのが、謡曲『善知鳥』の多大な影響力、さらにいえば善知鳥伝説の在地性の根強さである。それは、たとえば京伝みずからが、『善知安方忠義伝』の本文中において、「善知鳥《うとうどり》、安潟鳥《やすかたどり》とて、此外《この》が浜に住《すみ》今に其名を残せるは、乃《すなわち》此鳥なりとぞ」と記したり、またその鳥の声を憐れんだ浦人によって「錦塚《にしきづか》」と名づけられた塚が残っていること、その地が「安潟村《やすかたむら》」と名づけられて、「今に土人の語種《かたりぐさ》」となっていることをあげるなどして、在地に引きつけるような書き方をし、さらには付記においても「美濃路に善知坂《うとうざか》あり。武蔵川越領に善知坂今鳥頭ニ作ハ非ナリあり。是等も安方が所縁の地にや」といった事例を紹介していることからもうかがわれるのである。

　ところで在地性がよく意識されているという点では主人公たる将門遺児の良門でさえ、善知鳥安方には及ばないといえよう。これを良門の側からみると、先述のように彼にまつわる本格的な話の展開が未刊の後編で予定されていたり、基本的には『前太平記』をふまえ、それに伝奇的趣向を加味しての人物造形にとどまっていることに関わる。すなわち京伝の読本における良門の場合、以前とは異なる独自の個性が打ち出されておらず、本文中においても在地との関わりは薄く、その後の在地への影響力にしてもほとんどみることができないのである。

　この良門にひきかえ、もう一人の主人公である姉如月尼の変身ぶりは著しいものがあり、しかもその背景には在地との深い関わりも推定されるのである。彼女はやがて還俗《げんぞく》して滝夜叉姫《たきやしやひめ》と名乗り、弟良門とともに戦う女性へと変身していくわけだが、項をあらためてこの変身についてみていくことにしよう。

如月尼（如蔵尼）から滝夜叉姫へ

京伝もまた、当初は『前太平記』の如蔵尼と同じく、懸命に弟の悪行を戒め、その出家を勧める信仰心の厚い姉として如月尼を描いている。しかし如月尼の性格は、筑波山の大蝦蟇の精霊から授けられた良門の妖術によって一変させられてしまう。すなわち、如月尼はこれまでの仏道修行の生活を後悔して還俗し、良門と力をあわせ、亡父将門の志を継ぐことを誓い、その証《あかし》として身につけていた水晶の数珠《じゅず》を引きちぎって投げ捨ててしまうのである。

変身した如月尼が、早速弟の良門へ下した命令は、先に良門が彼を諫めた善知鳥安方を斬ったさいの、「はやく彼奴《きゃっ》が頭をはねて、軍神《ぐんじん》の血祭せよ」というものであった。以後、如月尼は大望成就祈禱のためと称し、異様にして残虐な振舞いを続けていく。たとえば毎夜丑《うし》の時に、剣をもち鈴をふり鳴らし、両端に火をつけた松明《たいまつ》を口にくわえて険しい筑波山をのぼったり、またこれも毎夜、配下の者に一人ずつ人を殺させ、榊《さかき》の枝に結びつけた生首《なまくび》を筑波明神に供えたのち、川の深みに沈めさせるなどといった行為がそれである。

そうした中、如月尼は源家秘蔵の名剣・陰《いん》の太刀を手に入れ、自身の女帝、弟良門の関白就任の願いを神が納受した吉兆として喜ぶ。実はこの源家の宝剣は、すでに紹介した源満仲の元家臣大宅光雅が、武功によって主人から与えられたものであったが、光雅の死後、羽太《はぶと》九四郎なるものに光雅の子光国の妻唐衣（例の藤六左近の娘）と共に奪われていたのを、如月尼が九四郎を殺して入手することになったのである。なお唐衣もまた、文武の達人として知られる光国を味方につけるための人質にされ、如月尼によって連れ去られてしまう。

さて、そののち如月尼は筑波山から、かつて亡父将門が造営した相馬の内裏跡に移るが、やがてそこに陰の太刀と妻唐衣を探して大宅光国がやってくる。光国の前にさまざまな妖怪があいついで現れたのち、ようやく如月尼が登場し、自分は将門の娘で、いったん仏門に入っていたが、今は還俗《げんぞく》して「滝夜叉」と名乗り――滝夜叉の名はここで初めて見える――、弟良門から蝦蟇の術を学んで妖怪を出現させていること、また剛なる者を味方につけようとしていることなどを光国に告げて連判状《れんぱんじょう》への血判を求める。そこで光国は姓名を偽《いつわ》って連判状に署名するが、その思惑《おもわく》はまもなく発覚して乱闘となったところへ源頼信を総大将とする官軍が押し寄せ、さらに滝夜叉姫に捕えられて侍女となっていた光国の妻唐衣の活躍もあって、滝夜叉姫は自害に追い込まれる。滝夜叉姫は、「たとひ此身は死するとも一念の悪霊となりて、天下を乱さでおくべきか」と叫んで切腹するが、その時、滝夜叉姫の胸間から一筋の妖気が立ちのぼり、蝦蟇が現れて空中に飛び去る。すると滝夜叉姫は本来の菩提心に立ち戻り、それまでの積悪も自害の理由も知らないまま、また少しの苦痛も感じないまま、眠るように生涯を終えることになるのである。

右のような山東京伝による、仏教信仰に厚い如月尼（如蔵尼）の話から伝奇的性格の濃厚な復讐心に燃える滝夜叉姫の話への転換は、単に文芸世界にとどまるものではなかった。それは在地における将門子孫伝説の一つの形として拡まっていくことにもなったのである。たとえば茨城県つくば市の佐都ケ岩屋と呼ばれている古墳に関しては、滝夜叉姫が賊の首謀者となってこの岩屋を隠れ場とし、出没したという話、千葉県佐倉市の将門山に関しては、滝夜叉姫が父の恨みをはらそうとしてこの山に籠り、蝦蟇の妖術を使っていたところへ光国という武士が現れ、互いに秘術を尽くして戦ったという話が紹介されている（前掲村上『平将門伝説』）。

滝夜叉姫という名前

それでは滝夜叉姫のような文芸作品において生み出された女性の話が、どうして在地伝承としてもスムーズに拡まっていったのであろうか。もちろん、それがすでに民間に流布していた将門子孫伝説の変形版の一つとして人々に受けとめられていったからであることはいうまでもあるまい。しかしこの問題については、いま少し滝夜叉姫自体の側からも追ってみる必要があろう。

将門の娘が復讐の鬼となる滝夜叉姫の話の原型として注目されているものに、享保九年（一七二四）成立の近松門左衛門の浄瑠璃《じょうるり》『関八州繋馬《つなぎうま》』がある。そこでは将軍太郎と名乗る将門の遺児良門とともに、その妹が登場し、源頼光・頼信兄弟らの命をねらって逆に殺されるが、死してもなお怨霊となり、土蜘蛛《つちぐも》となって頼光らを悩ませるという、たしかに山東京伝の読本とよく似た話が展開されている。しかし、この話の良門の妹の名は小蝶といい、いまだ滝夜叉ではないことから、さらに滝夜叉の名の由来を知る必要があるとして、具体的な事例を探ったのが、これ

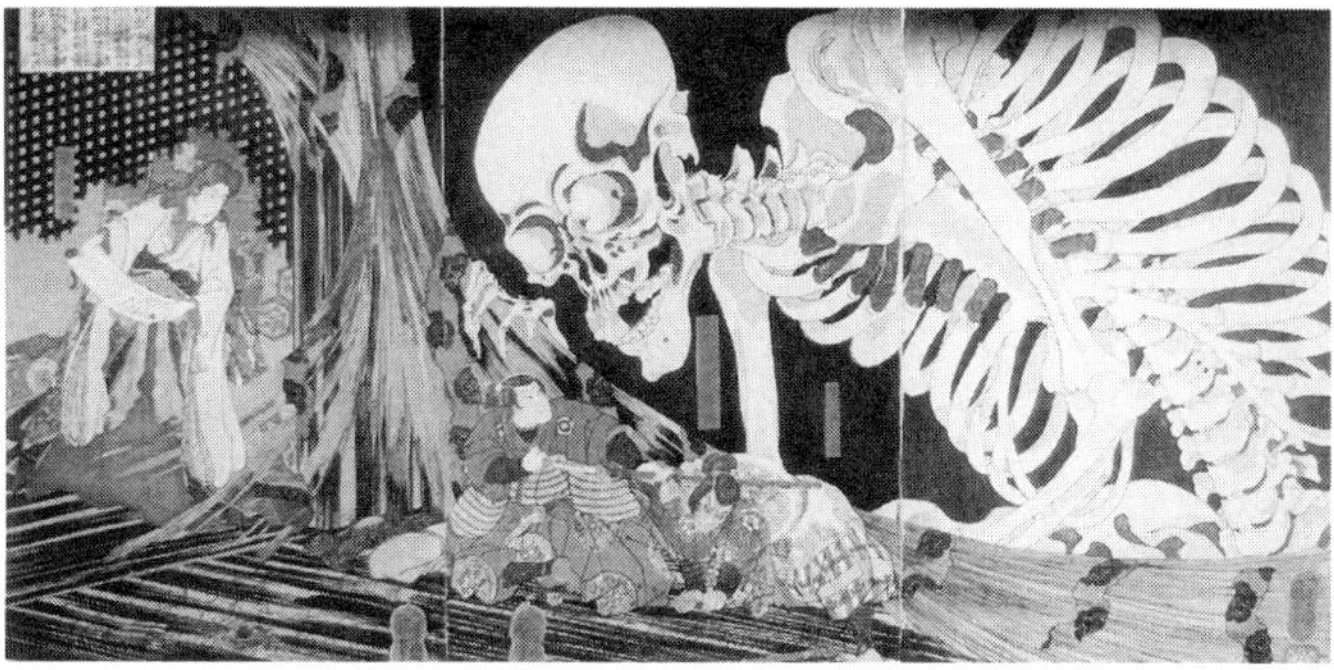

図10　錦絵「相馬の古内裏」(歌川国芳画)

までもたびたび依拠してきた梶原・矢代著『将門伝説』である。

同書によると、夜叉というのは、もともとはインドの恐ろしい鬼神の名であったが、のち仏法に服して、その守護神になったものであることから、人々を恐怖に陥れる獰猛《どうもう》さを本性としながら、一方で祈る者に福祐《ふくゆう》を与える福神としてのはたらきを示すといった、いわゆる二面性を持っており、たとえば京都の東寺《とうじ》に祀られていた夜叉神についても、次のような二つの話が伝わっているという。一つは平安後期成立の藤原明衡《あきひら》『新猿楽記《しんさるがくき》』(日本思想大系『古代政治社会思想』、岩波書店)にみえる、冷淡な夫を怨んだ嫉妬深い妻が毒蛇・悪鬼の形相で夜叉神に丑《うし》の時参りを行なっていたというものである。そこには復讐の神、祟りの神としての夜叉神の性格がよく示されており、しかもこうした性格の夜叉神の話が深く在地へと浸透していったことは、福岡県地方の事例であるが、本妻の嫉妬で殺されて埋められた夜叉御前という豪族の妾の怨霊が大蛇と化して祟り、これを見た者は気を失って病気になったなどの話が後世まで語り継がれていることからもわかる（『筑前伝説集』）。

東寺の夜叉神に関するいま一つの話は、夜叉神が小児を食うとされていることから、その夜叉神に帰依して夜叉の名を申し受け、わが子を夜叉神の申し子とすることによって難を免れようとする信仰があったというものである。これは南北朝期成立の東寺の寺誌『東宝記《とうぼうき》』に載せられている話であるが、たしかに中世には何夜叉とか何夜叉丸などといった名前がしばしば見受けられ、こうした信仰の普及をうかがうことができる。

以上、梶原・矢代両氏による夜叉という名前の由来についての興味深い指摘を紹介したが、京伝が創り出した滝夜叉姫が二つの夜叉神の性格のうち、前者の系譜をひいていることは明らかである。と同時に、それは滝夜叉姫という名前・性格が早くから民間＝在地で語られていた話の中からすくいあげられたものであること、それゆえ逆に京伝創作の滝夜叉姫の話が民間＝在地へと戻っていきやすいものになっていることを物語っていると考えられるのである。

滝夜叉姫と幸若舞曲『信太』

滝夜叉姫の名前・性格が早くから民間＝在地において馴染《なじ》み深いものがあることと関連して、さらにここで触れておきたいものに、「伝説の中の将門」の章のうち、「信太《しだ》小太郎の話」の項で取りあげた幸若舞曲《こうわかまい》『信太』がある。というのも、この『信太』には主人公の信太小太郎という常陸国の年若い領主が将門の子孫として描かれていることをはじめ、将門伝説の影響が強く認められ、しかも滝夜叉姫の話と重なる場面も含まれているからである。それは小太郎を没落させ、きびしい境遇に追い込んだ仇敵《きゆうてき》小山行重《おやまゆきしげ》の大軍から主人小太郎を守るために奮戦して全滅する忠臣浮島太夫一族の合戦譚にみえる、浮島女房の「女戦《おんないくさ》」の場面である。早速、『信太』の中でも最も精彩を放っていると思われる、その場面を物言いの表現の面白さを残しながら要約してみよう（荒木繁・池田廣司・山本吉左右編注『幸若舞　1』平凡社、一九七九年）。

わが五人の子どもが馬に乗って戦場を駆け巡っている有様をみて、さすがに剛の者とうたわれた浮島太夫も、「あれあれ、女房、御覧ぜよ。いづれも、器量はおとらぬようなう。あったら子どもを世に合はせで、所領の主《ぬし》とはなさずして、ただ今殺さん、惜しさよな。はや、死ね子ども、さは言ひながら、今を限りの事なれば、今一度、こなたへ顔見せよ。誰も名残《なごり》は惜しいぞ」と別れを惜しむ。これを聞いた浮島女房は、からからと打ち笑い、「老《おい》に惚《ほ》れたか（老いぼれたか）太夫殿、別れた今の泣き言かな。泣いて叶うべき道かや」と夫を叱咤《しつた》し、「いかにや子ども、戦《いくさ》はさすがに大事のもの。心の剛なるばかりにて、兵法知らでかなわず。味方無勢にありながら、敵の陣へかかるには」と子どもに兵法を授け、さらに「祖父も祖母もこれにて見るぞ。桟敷の前の晴戦《はれいくさ》ぞ。不覚をかくなや子ども」と彼らを力づける。そしてついには、「子どもが戦のおもしろきに、後詰《うしろづ》めしてとらせん」と武者姿になって馬に乗り、「いかに小山の人々、我をば誰と思ふぞ。陽成院より三代、摂津頼光《せっつらいこう》に五代なり。渡辺党に大将軍弥陀《みだ》の源氏が娘に、弥陀夜叉女《みだやしゃにょ》とは、みづからなり。年は生年《しょうねん》五十六、二つとなき命をば、信太の御寮《ごりょう》（若殿）に奉るぞ。われと思はん人々、駆けよ。手並みを見せん」と大音声《だいおんじょう》で名乗りをあげて駆け出していくのである。一方、浮島太夫もまた、「『女戦』を御覧ぜられ候へ。例《ためし》少なき事なり」と小太郎に女房の戦いぶりをみさせたのち、遅れじとばかり敵陣へと駆けいっていく。

合戦と女性

合戦と女性といえば、早く昭和五年（一九三〇）に刊行され、師の柳田国男《やなぎたくにお》からも高い評価をうけた民俗学者中山太郎の『日本巫女史』が興味深い内容を含んでいる（大岡山書店、新訂版＝国書刊行会、二〇一二年）。そこでは「戦争における巫女」という一節が設けられ、戦争の前途を占う巫女、敵兵を呪詛《じゅそ》する巫女（戦勝を神に祈り、神意を問うて軍の行動に便じ、さらに敵兵を詛《のろ》う呪術を行うことを任務とする女軍）、軍隊の士気を鼓舞する巫女、戦争に随行する御陣女﨟としての巫女（はじめは巫女、のち一般女性とくに妻女）など、戦争に際してのさまざまな巫女の役割が列記されているが、そのうち先に要約した『信太』との関係では軍隊の士気を鼓舞する巫女が注目されよう。『信太』の浮島女房もまた、はじめ後方にあって五人の男の子の士気を鼓舞し、そののちみずから戦闘の中へと駆け出しているからである。なお中山氏は戦いで士気を鼓舞する女性の例として、古く神功皇后《じんぐうこうごう》が男装してみずから海を渡ったと伝えられる新羅《しらぎ》遠征の折、次のような決意のほどを群臣に示したという話をあげている。

夫《そ》れ師《いくさ》（戦さ）を興《おこ》して衆《もろもろ》（兵）を動かすは、国の大事なり。安きも危《あやう》きも、成るも敗《やぶ》るるも（事の安危も勝敗も）、必ず斯《ここ》に在《あ》り。（中略）若し事就《ことな》らば、群臣共に功有り、事就《ことな》らずは、吾独《われひと》り罪《つみ》有らむ。

右の話からは、たとえば承久三年（一二二一）、後鳥羽上皇によって鎌倉幕府執権北条義時追悼の命令が発せられた時、尼将軍北条政子が動揺する鎌倉の御家人たちを前に、これが最後の言葉だとして故源頼朝の御恩の深さ、幕府の危機を訴えたという鎌倉幕府の記録『吾妻鏡』の記事が思い出される。また女性の戦いといえば、同じく『吾妻鏡』が伝える、建仁元年（一二〇一）五月、鎌倉幕府軍の攻撃を受けた越後国鳥坂《とっさか》城において、坂《はん》（板）額御前《がくごぜん》と称する女性が兵略をめぐらし、黒髪を童形のごとく上げ、腹巻を着けて矢倉の上から幕府軍を射て、女性ながら百発百中の射芸を示したという話がよく知られている。そこで京伝の滝夜叉姫の話だが、如月尼から変身した滝夜叉姫が善知鳥安方を斬った弟良門に対して、「はやく彼奴が頭をはねて、軍神の血祭せよ」とうながし、以後も敵との戦いを続け、最後には切腹して果てていることは見逃せない。それは異様で残虐な振舞いを除けば、まさに『信太』の語る浮島女房のイメージと重なりあってくるからである。とすれば、こうした浮島女房と共通面をもつ滝夜叉姫の「女戦」、そして何よりも浮島女房の弥陀夜叉女という名前からして、京伝の滝夜叉姫造形にあたっては、幸若舞曲

『信太』もまた大きな影響を与えていること、同時にそのような中世末期に盛んに行われた代表的な芸能である『信太』の影響をうけた滝夜叉姫の話が今度は在地へと還元されていったことは、いずれも十分に可能性のある推定となってくるのである。

なお最後に、幸若舞曲『信太』と京伝の作品『善知安方忠義伝』との間には、前者では将門子孫の千寿姫・信太小太郎姉弟がさまざまな苦難の末、陸奥外が浜で巡りあうことになっており、後者でもこの陸奥外が浜という辺境の地が重要な舞台となっているという共通性があるとの指摘がなされていることを付け加えておきたいと思う（前掲『山東京伝集』解題）。

馬琴の考証と幕末江戸の将門伝説

馬琴があげる六つの疑点

将門伝説と深い関わりをもつ近世の読本作者として、山東京伝に続いて取りあげたいのは、『南総里見八犬伝』などの作品で御馴染みの曲亭《きょくてい》（滝沢）馬琴《ばきん》である。それは各作品において伝奇性に富む内容を保ちながらも、一方で徹底した考証家として定評のある馬琴らしく、「実事《まこと》」＝史実と「虚事《そらごと》」＝俗説とを明確に区別すべきであるとの立場から、厳しい将門伝説批判を展開した読本『昔語質屋庫《むかしがたりしちやのくら》』（岩井市史編さん委員会前掲書、鈴木・徳田編前掲書）を発表していることを問題にしたいからである。この点、馬琴にも『四天王剿盗異録《しょうとういろく》』という文化二年（一八〇五）に刊行された、将門側近の武蔵興世の遺児や源頼光の四天王たちが登場する読本＝伝奇小説があり、しかもその作品が翌年刊行の京伝作『善知安方忠義伝』に大きな影響を与えたといわれていることも忘れてはなるまい（梶原・矢代前掲書）。

文化七年に刊行された『昔語質屋庫』は、奈良近くの質屋の庫《くら》に質草としてとられていた諸道具が、ある夜更けに参会し、各々の身の上を語るという趣向を用い、当時流布していた俗説を次々に批判していくというものである。たとえば将門を倒した藤原秀郷こと俵藤太のむかで退治の俗説を批判するために、俵藤太が竜宮へおもむいた時の弓袋が登場させられているが、将門にまつわる話に関しては、彼が生前に着ていたという「衮龍《こんりよう》の御衣《ぎよい》」がその役割を担わされている。いつも身に着けていたものならば、将門の身に起こった出来事をよく見聞しているから、さまざまな話の虚実の判断もできるであろうというわけである。

さて将門衮龍の御衣に対して返答が求められた将門伝説に関する疑問は次の六点である。

(1)　関東八か国を掠奪して「偽号《ぎごう》」(新皇)を唱えた将門が、「平親王」とも称したといわれていること。

(2)　将門には七人影武者説や七人分身説があり(御伽草子『俵藤太物語』では影武者は六人)、真の将門と影武者・分身との見分けがつけがたいため、藤原秀郷は間者《かんじや》として美女を将門に贈り、彼女から「蟀谷《こめかみ》」が動くものこそ真の将門であるとの情報を得て将門を射落したといわれていること。また京都に送られ、獄門に懸けられた将門の首を見た人が、「将門は米かみよりぞ切られける俵藤太がはかりごとにて」という歌を詠んだといわれていること。さらに真の将門を知るために秀郷が将門の妾と密通したといわれていること。

(3)　もともと将門は謀叛心をもっており、それに気付いた平貞盛が将門を討とうとしたものの、結局、果たせなかったといわれていること。またその頃、京にいた将門は伊予の藤原純友と比叡山で出会い、平安京を見下ろしながら、ひそかに逆意を語りあったといわれていること。

(4)　将門の武勇の噂を聞いた秀郷が、味方につこうと下総国におもむいて対面したところ、喜んだ将門が衣冠も整えないまま、大あわてで秀郷を出迎えたり、またその言語・応答とも期待にはずれ、すべてに粗忽《そこつ》であったため、秀郷は「その器にあらず」と自国の下野《しもつけ》に帰ってしまい、その後、今度は貞盛と組んで大功をたてたといわれていること。

(5)　六郎公連《きんつら》なるものが将門を諫めかねて死んだことについて、これは殷《いん》の比干《ひかん》の場合と同じであるといわれていること。

(6)　将門追討ののち、九条殿（藤原師輔《もろすけ》）は大将軍藤原忠文、副将軍源経基・藤原忠舒《ただのぶ》のいずれにも賞を与えようとしたが、小野宮殿（藤原実頼《さねより》）の強い主張によって忠文のみ賞にもれたため、小野宮殿を恨んだ忠文がその子孫を衰微させようと飲食を断って餓死し、悪霊となって祟ったので、忠文を宇治の離宮明神として祀ったといわれていること。また忠文の悪霊が嫉妬深い鬼神とされる宇治の橋姫と心を合わせてさまざまな祟りをしたので、円融院の天延年間（九七三〜七六）、京都では多くの人々が亡くなったといわれていること。

右にあげた衰龍の御衣に解答が求められた将門伝説に関する六つの疑問点は、いうまでもなく馬琴自身の疑問点にほかならないが、それはまた、当時、馬琴のまわりにどのような将門伝説が流布していたかを教えてくれていることでも有益である。ただし、これら六つの疑問点として紹介されている話には、比較的時代が下るものが多いことに注意を払っておく必要があろう。たとえば第五の疑問点としてあげられている将門への諫言者六郎公連の話もその一つである。先に一三一頁の「新たな諫言者」の項などでも述べたように、この公連は一七世紀後半に成立した『前太平記』のうち、「将門僉議付公連諫死事」に登場し、新皇帝になると宣言した将門を諫めて自決した人物であり、さらに山東京伝の『善知安方忠義伝』に至っては、この公連の子として主要登場人物の善知（鳥）安方を創出しているのである。

　このように馬琴による批判の対象の多くが時代的に新しいものに向けられていることの理由について、結論から先にいえば、馬琴がその批判の主たる根拠を、彼みずから、「近属《ちかごろ》、将門記といふ古書、世に出しかば、人その概略をしれるなるべし」「ここに多く引き用ひたる、将門記といふものは、承徳三年正月二十九日に、大智坊に於て拝書すと奥書あり」などと紹介している『将門記』においているからである。ここでいう『将門記』が、承徳三年（一〇九九）書写の奥書をもち、その写しが『昔語質屋庫』より一一年前の寛政一一年（一七九九）に刊行された、いわゆる真福寺本『将門記』であることは明らかである（佐伯有清ほか『研究史　将門の乱』吉川弘文館、一九七六）。すなわち馬琴の批判は『将門記』に拠りながら、その記述と異なる内容、あるいはそこにみえない人物や出来事などといったものに対して向けられているのである。と同時に、このことは馬琴の批判が『将門記』に描かれている新皇即位や「王城」の造営などの場面には及んでいない――というよりそれを史実として他を批判する根拠にしている――ことの理由にもなるのである。以下、この点に関してより詳しく述べていくことにする。

六点にわたって突きつけられた「疑ふべきの」事に対し、袞龍の御衣＝装束は「呵々《かか》」と笑って、順々に具体例をあげながらそれぞれを論破していくが、これもまた袞龍の御衣の弁を借りての馬琴自身の考証であることは疑問点の場合と同様である。なお少々長くなるので、まず前半の三点、ついで項をあらためて後半の三点およびその他について紹介することにしたい。

平親王・七人将門・謀叛心

(1)　将門が「平親王」と称したというが、近年に世に出た『将門記』では朱雀天皇を「本皇」「本皇帝《本天皇》」、将門を「新皇」と記している。「平親王」はのちの人が、「皇」の字をはばかって唱えたものである。そもそも将門は臣籍に下って姓を賜るのが通例の「五世の王」である。また親王宣下《しんのうせんげ》もなく、親王に「平」の姓があるのもおかしい。

(2)　世間では、将門には七人の影武者がいたとか、将門が分身して七人になったとか、いわゆる七人将門の話が広まっている。しかし、これは将門を補佐した興世王らの腹心、平将頼らの兄弟が七人だったことから生まれたものである。

七人将門といえば、貞盛・秀郷が美女を将門に贈って、彼女から本物の将門は「蟀谷」が動くとの情報を得たという話があるが、下総国佐倉の将門山一帯には、その美女の名を桔《き》梗《きょう》の前といい、また将門はこの将門山で討たれたため、このあたりでは将門の恨みから桔梗が生えず、他から移植してもすぐに枯れてしまうなどといった話が伝えられている。しかし、このことは決して怪しむに足りない。なぜなら草木は土地の肥瘦《ひそう》・寒温の違いによって土に適する、適さないということがあるからだ。将門の怨霊にこじつけて桔梗の前という美女まで作り出したのは浅はかで浮ついた話である。また真の将門を知るために秀郷が将門の妾と密通したということも、『今昔物語集』刊行のさいの注者の説で、典拠となる書も引用しておらず、きわめて信じがたい。

俗説によると、将門は美女に惑溺《わくでき》して滅んだといわれ、また世間ではその美女の名を桔梗というなどと伝えられている。しかし、これは『将門記』にみえる平貞盛の妻の話、すなわち将門軍の兵士に捕えられ、辱《はずかし》めをうけた貞盛の妻に将門が温情を示したという話が誤って伝わったものである。

将門の真偽の見分け方を秀郷が知るに至ったいきさつに関する話は、『平治物語』にみえる藤六左近という人物が読んだ狂歌「将門は米かみよりぞ切られける　俵藤太がはかりごとにて」から出たものである。また、これらがもとになって一つの怪談もつくられている。京都に送られて獄門に懸けられた将門の首が夜な夜な光を放ち、「わが軀《むくろ》を返せ、頭を継て、今一軍《ひといくさ》せん」と呼ばわって人々を恐怖に陥れたので、ある人が例の米かみ云々という狂歌を詠んだところ、将門の首は「呵々」と笑い、やがて目を閉じたという話である。そもそも、『将門記』には将門が「神鏑《しんてき》」に射られて滅びたとはあるが、こめかみを射られたなどという記述はない。

(3)　将門と純友が比叡山から京の都を見下ろし、ひそかに逆意を語りあったとか、在京中の貞盛が将門の謀叛心に気付いて、これを討とうとしたものの果たせなかったなどといわれているが、これらの話はすべて当時の世間の噂にすぎず、それを物好きが記録したのである。大切なのは、将門には当初、謀叛の心などなかったということである。合戦の始まりにしても将門対国香らのおじたち、および国香らと結んだ前常陸掾源護父子という将門一族内部の確執からである。ところが将門が武蔵国における国司興世王・源経基と足立郡司武芝との抗争に介入したことから、経基によって朝廷へ将門謀叛の報告がなされ、一方で将門と結んだ興世王の勧めもあって、ついに将門自身も東国制圧＝謀叛へと乗り出すことになったのである。これらはまさに『将門記』が述べているところである。

なお『神皇正統記《じんのうしょうとうき》』（南北朝時代の歴史書）には、「将門は摂関家（藤原氏）に仕えていたが、検非違使《けびいし》になることを望んで許されず、憤って東国へ帰り、謀叛を起こした」などとみえるが、これも世間で言い伝えられていることを記したにすぎない。

(1)〜(3)のいずれにおいても『将門記』が引かれていることを押さえながら、ここから後半部の(4)〜(6)およびその他(7)に入っていくことにしよう。

秀郷・公連・忠文

(4)　藤原秀郷が下総国へ出かけて将門と対面したが、あまりに軽率な態度をみて味方につくことをやめたという話も信用がおけない。第一、将門が坂東八か国を掠奪して心を驕《おご》らせ、僭越《せんえつ》にも新皇を自称し、下総国の亭南に平安城にならって宮殿を造営したほか、京の山崎や近江の大津になぞらえる地を坂東に設定したり、暦日博士《れきじつはかせ》を除く、左・右大臣以下の官職を決定したことは狂人の振舞《ふるまい》に同じである。下野国にいた秀郷の耳にこの様子が聞こえていないはずはなく、とすれば、秀郷がそのような将門と行動を共にすべく、彼のもとへおもむくことなどはありえない話である。

また将門追討の功労者は、実際に戦った貞盛や秀郷たちばかりではない。戦闘には間にあわなかったとはいえ、すでに駿河国までやってきていた官軍の大将藤原忠文らの功績も忘れてはならない。彼らの大軍が近くまで迫っているとの情報が入ったことにより、将門軍から大量の逃亡者・降参者が出たのである。

(5)　疑問点の一つとして、六郎公連の諫死があげられているが、これは遠くない世に作られた話である。『将門記』には、この公連は承平七年（九三七）一一月に下された将門追討の官符に平良兼や貞盛らと共に将門討手《うつて》の一人としてみえており、その彼が将門の諫言者となることはありえないからである。同じく『将門記』によると、天慶二年（九三九）頃、将門の身近に仕える伊知（和カ）員経が将門を諫めて不興《ふきよう》を買っているが、あるいはこの員経の話が公連のそれとして誤り伝えられたものであろうか――公連の話が『前太平記』にみえることは前述。また今日、承平七年一一月の官符は、楊守敬旧蔵本《ようしゆけい》『将門記』と呼ばれる異本の記述などから、将門のために良兼・貞盛・公連らの追捕を坂東諸国に命じたものと理解されている。ただ、いずれにしても将門と公連はその立場を異にする。なお公連の名が、『将門記』中、将門滅亡後の残敵掃討戦にみえることも馬琴は指摘している――。

(6)　将門追討軍の大将藤原忠文が一人だけ勲功の賞にもれたことを恨み、悪霊になったというのも例によって俗説である――鎌倉前期の説話集『古事談《こじだん》』をはじめ各書に見える――。奥州での後三年《ごさんねん》の役《えき》における源義家や奥州合戦における源頼朝の場合のように追討の宣旨がなかった時はともかく、節刀《せつとう》を賜った追討使や官符を賜った国司で朝敵を討ったものに対し、勲功の賞が行われなかった例はない。忠文の話は、あるいは『大鏡《おおかがみ》』にみえる、中納言を希望したにもかかわらず、望みどおりにならなかったため、食事もとらず、病気になって死んだという左衛門督藤原誠信《さねのぶ》の話をもとに作られたものであろうか。たとえば右衛門督藤原忠文と左衛門督藤原誠信との官爵・名告《なのり》が似かよっていることもその傍証となろう。また忠文の悪霊と鬼神宇治の橋姫が心を合わせたという怪談も、忠文が宇治に住んでいたことから生じたものである。

忠文に関する批判といえば、将門追討の官軍が駿河国に到着したところで朝敵滅亡と聞き、そこから引き返したといわれていることも問題である。『将門記』によると官軍は途中で帰洛などしていないからである。すなわち藤原忠舒や平公連が官軍を率いて現地へおもむき、残敵掃討《ざんてきそうとう》にあたっており、決して批判されることはないのである。しかも忠文の智勇は一方《ひとかた》ならぬものがあったという。『吾妻鏡』でも、追討使の宣旨をうけた時、忠文はちょうど食事中であったが、箸を投げ捨てて座をたち、すぐに参内《さんだい》して節刀を賜わると、そのまま帰宅することなく京外へおもむいたことから、「勇士の志は、これをもって善しとする」と高く評価されているのである。

(7) そのほか将門関係では、奥州に住み、いったん病死するも、地蔵菩薩の冥加によって蘇生したという将門の三女如蔵尼（地蔵尼）の話や、源満仲の摂津多田城を攻め、逆に源（渡辺）綱によって討たれた将門の息男良門の話もある。このうち娘の方の話は『元亨釈書《げんこうしゃくしょ》』にみえるが、同じ子孫にまつわる話でも良門の場合は、まったくの創作で史実ではない。おそらく『今昔物語集』が伝える源宛《あたる》と将門の叔父平良文との武芸争いあたりの話から作り出したものであろう。なお良門については、出家して生涯仏道に励んだとする本もある。

馬琴と『将門記』

以上、将門およびその関係者にまつわる話についての馬琴の考証を紹介してきたが、そこにおける最大の特色の一つは、先にも述べておいたように彼の将門伝説批判が、主として一一年前に刊行された真福寺本《しんぷくじ》『将門記』に拠ってなされていることである。それは彼が直接に『将門記』の書名をあげている以外でも、いくつかの依拠箇所を指摘できることからもいえる。たとえば考証(2)にあげた七人将門の話にしても、そこで将門の腹心・兄弟としてあげられている七人は、『将門記』が載せる、新皇将門によって坂東諸国の国司に任命された六人と将門の有力郎等一人のことなのである。また考証(4)で馬琴がまさに「狂人の振舞」として糾弾した将門の新皇宣言・皇居造営・官職の決定などに関する箇所は、ほぼ『将門記』の記述と同じである。

このように馬琴は『将門記』の影響を強くうけ、それに基づいて将門伝説批判を行なっているのであり、彼自身の表現によれば、「よく史を読《よみ》、実録を閲《けみ》」する姿勢＝史実に寄り添う姿勢を貫こうとしているのである。もっともその馬琴にしてもいまだ『将門記』自体に対する史料批判にまで及んでいないことは前述したとおりである。また「実事すくなく、虚言おほかるは、物の本の常なれば、実事もよし、虚言も又あしからねど」とも述べているように、読本作者の馬琴にふさわしく、「草紙物語」における虚言をすべて否定しているわけではなく、いわゆる虚実をわきまえて「草紙物語」を読むようにと唱えていることにも留意しておく必要があろう。

さらにここで馬琴が『将門記』からうけた影響に関して付け加えておきたいのは、彼が同書から将門および将門の乱の見方を学んだということである。それは考証(3)で述べているように、『将門記』と同じく、前半を将門対伯・叔父たちという一族内部の確執の段階、後半を東国制圧＝謀叛の段階と位置づけ、将門の乱を前半と後半で性格の異なるものとして捉《とら》えようとしていることに、よく示されている。それゆえ考証(4)では、後半における新皇宣言以後の将門の行動を「狂人の振舞」と述べながらも、考証(3)では、これもまた『将門記』と同様に、前半から後半への転換の契機として国司と郡司の衝突という武蔵国の紛争への介入を指摘するなど、将門が謀叛を起こすに至った理由にも目を向けているのである。馬琴の場合、この点に関する言及はここまでである。しかしプロローグでも述べたように、明治期、将門を謀叛人とみなす風潮が高まる中、将門の乱に関してこのような見方を含む『将門記』は、関東各地に伝わる将門敬慕の故跡と共に、織田完之《おだかんし》らの将門雪冤《せつえん》運動の有力な武器となっていくのである。

継承される「民衆の共感を呼ぶ将門」

江戸後期、謀叛人将門弾劾《だんがい》の論はともかくとして、将門がなぜ反乱を起こすに至ったかという動機・事情などに目を向けるなり、関心を寄せた人々として、曲亭馬琴のほかに、幕末維新期に流行した歴史書『日本外史《にほんがいし》』『日本政記』の著者頼山陽《らいさんよう》がいる。たとえば山陽は『日本外史』において、「古来、天位をうかがい、国家を危うくしようと謀ったのは将門ただ一人」と述べながらも、「天慶の乱は、摂関家（藤原氏）が驕《おご》り高ぶって天皇と人民との間を塞ぎ隔てたことから起こった」という内容を明快に述べているのである（岩波文庫本〈漢文読み下し文〉参照）。もっとも、このように乱の原因を藤原氏の専横に求めるのは山陽に始まったことではない。すでに一八世紀の初め頃、新井白石《あらいはくせき》が六代将軍徳川家宣《いえのぶ》に進講した日本史の講義ノート『読史余論《とくしよろん》』にも、「天慶の乱が起こったのは、摂関家の人々が皇室の権力を奪ったために天皇の権威が日ごとに薄くなり、さらに戦いの備えもゆるんだからだ」といった、ほぼ同じ内容の記述が見えているのである。すなわち、「将門の乱に関する近世の史論は、新井白石以来、藤原氏の専横に対する批判につらぬかれて」おり、たとえ水戸藩編纂の歴史書『大日本史』が将門を「叛臣」のうちにいれているとしても、しばしば誤解をうけているように、近世の史家たちによって将門に対する謀叛人観が強められるということは、まずなかったとする指摘があるが（佐伯ほか前掲書）、従いたいと思う。

さらに将門伝説の観点から見落とすことのできない将門の乱の動機・事情といえば、やはり将門の霊を祀り敬慕するといった内容が語られている伝説世界におけるものであろう。そこであらためてみておきたいのが、「伝説の中の将門」の章のうち、「救済される将門―将門びいきの伝説―」の項で述べた、早い時期からの東国における「将門びいき」伝説成立の要因である。というのも、それを筆者は一〇世紀末から一一世紀前半にかけて、たとえば永延二年（九八八）の尾張国郡司百姓らによる国司不正の告発など、国司の横暴に対する民衆の抵抗が繰り返されるという時代的状況のもとでの、国司に敢然と立ち向かっていった将門の行動へ寄せる東国の人々の共感に求めたが、と同時に、こうした共感は決してその時代だけにとどまるものではなく、場合によっては、次に述べるように御霊《ごりょう》信仰などと結びつくことによって、より強いものとなっていくこともあると考えているからにほかならない。

同じく「伝説の中の将門」の章の前半において、中世の武蔵国江戸郷芝崎村の地に、秩父平氏の江戸氏によって持ち込まれた祖霊将門への信仰が、時代が下るとともに領主江戸氏から村民へと移っていったこと、その過程で、いわゆる非業の死をとげて祟りをなすものの霊をなだめるために神に祀って安穏《あんのん》をたもつという御霊信仰にもとづく、御霊神将門が誕生したことなどを中心に述べたが、その後半では今一つこのような御霊神将門と深く関わる事例を紹介しておいた。すなわち、祟る神将門と先の民衆の側に立つ将門＝民衆の共感を呼ぶ将門のイメージとが結びついた下総国佐倉地方に残る将門・佐倉惣五郎伝説である。そこでは、当初、敵対者によってその祟りを鎮めるために祀られたと伝えられる将門の霊が、民衆の側に立ち、民衆の共感を呼ぶ将門のイメージと結びつくことによって御霊神化し、やがてそれが百姓一揆の指導者惣五郎へと重ね合わせられていったのである。「まさに御霊神将門が御霊神惣五郎を誕生させた」ということになるわけだが、さらに興味深いことに、この下総国佐倉地方で語られていた「御霊神将門」を継承する「御霊神惣五郎」の話が、幕末、江戸歌舞伎の舞台で上演されることになるのである。

歌舞伎「東山桜荘子」の上演

嘉永四年（一八五一）八月といえば、アメリカの提督ペリーが軍艦四艘を率いて浦賀に来航する二年前のこと、江戸猿若町（現、台東区浅草六丁目付近）の中村座において、瀬川如皐《じょこう》作の新狂言「東山桜荘子《ひがしやまさくらそうし》」が四代目市川《いちかわ》小団《こだん》次《じ》によって上演され、大当たりをとったという。まず、そのあらましを紹介しておこう（嵐圭史・小池章太郎・高橋敏『鼎談佐倉義民伝の世界―歌舞伎「東山桜荘子」初演をめぐって―』歴史民俗博物館振興会、二〇〇〇年）。

京都・東山山荘の造営などで知られる室町幕府八代将軍足利義政の時代のこと、領主織越《おりこし》政知《まさとも》の苛政に苦しむ下総国二八四か村のために、名主《なぬし》総代の浅倉当吾は将軍家へ直訴《じきそ》を決意する。妻子との今生の別れをすませた当吾は都へのぼり、将軍家に直訴状を差し出したことから、本人のみならず妻子までが処刑されてしまう。しかし、やがてその怨霊の祟りが領主政知を襲うことになる。

当時の規制により、江戸時代→室町（東山）時代、将軍家綱→将軍義政、佐倉惣五郎→浅倉当吾、堀田正信→織越政知（室町期、古河《こが》公方《くぼう》足利成氏《しげうじ》に対し、伊豆堀越によった足利政知が想起される）などといった具合に時代や人名が変更されている。しかし、この狂言が先にもみた『地蔵堂通夜物語』を始めとする下総国佐倉地方に伝えられていた話をもとに、脚色されていることは明らかである。とすれば、ここで生じてくるのは、なぜ幕末というこの時期、その祟りで領主を苦

図11　「東山桜荘子」嘉永4年（1851）中村座所演，門訴の場（歌川国芳画）

しめた、かつての百姓一揆の指導者が歌舞伎の主人公として登場させられ、しかも多くの人々に受けいれられたか、また幕府がそうした内容の歌舞伎興行を許可したのはなぜか、などといった疑問である。

すでにこれらの疑問のうち、前者については、歌舞伎上演の背景として「明治維新の原動力にもなった全国的な百姓一揆や村方騒動」を想定したり、この芝居が「長く続いた幕藩体制がいよいよ終焉に向かう、その変容を如実に反映した一つの、見事な時代の表現になっている」といった解釈がなされ、また後者については、「江戸の守護神神田明神の平将門の御霊」を楯に上演を認めさせたといった見解が、提起されている（嵐・小池・高橋前掲書）。それゆえここでは以下、とくに後者の疑問に関するすぐれた見解を念頭におきながら、新狂言上演に至るまでのいきさつをたどってみたいと思う。

最初に注目したいのは、四代目市川小団次が新狂言「東山桜荘子」の上演にあたって、口上の中で述べたという惣五郎伝説の歌舞伎化を企画するにいたった、次のようなエピソードである。そこでは将門と惣五郎が実に巧みに結びつけられていることに感心させられる。

幕末江戸の情報記録『藤岡屋日記』から

今年（嘉永四年）の正月、私こと小団次は、石川五右衛門《いしかわごえもん》の話を舞台化して「大入大評判」をとったが、次の企画に悩み、神田明神に祈念した。すると、ある夜の夢の中に平将門の霊と名乗る衣冠束帯《いかんそくたい》・白髪の老翁が現れ、「わが子孫に下総国の佐倉の宗吾というものがおり、二〇〇年も前、万民のために命を投げだし、いまも神と崇《あが》められているから、そこへ詣でれば当たり狂言のしるしがあるだろう」と告げた。そこで早速、瀬川如皐を同道して下総佐倉へおもむき、惣五郎伝説を取材して新狂言を工夫した。

このエピソードは、江戸後期、神田御成道《おなりみち》（現在のJR秋葉原駅付近）で古本屋を営む一方、江戸市中のさまざまな情報を収集・売買していたことから、今日、江戸の情報屋などと呼ばれている藤岡屋由蔵《ふじおかやよしぞう》の情報記録『藤岡屋日記』にみえるものである（『近世庶民生活史料・藤岡屋日記・第四巻』三一書房、一九八八年）。なお、同日記は「東山桜荘子」の人気ぶりについて、

それほど面白くもないのに大層な評判となるほどの大当たりで、下総・上総からも伊勢神宮の御蔭参《おかげまい》りのように百姓たちがつめかけ、この狂言を見ないものは仲間はずれになるとい

われ、なかには惣五郎とくらべてわが身のふがいなさを嘆き、宿舎で切腹をするものもでる始末であった。

と、これまた当時の雰囲気をよく伝えるエピソードを紹介しており、そのさいの藤岡屋自身による「それほど面白くもないのに」という感想も興味をそそられる。しかし、ここで見逃せないのは、やはり最初のエピソードで、神田明神に祈念した小団次の夢に平将門が現れ、佐倉惣五郎を自分の子孫だと述べていること、さらに取材のため、ただちに小団次と如皐が下総佐倉におもむいていることである。

というのも、中世の江戸郷芝崎村で祀られていた御霊神将門が、近世に入ると江戸の惣鎮守神田明神の祭神として、幕府や大都市化していった江戸の民衆の多大な尊崇をうけるようになったことについては、「伝説の中の将門」の章末で述べておいたが、新狂言の主人公佐倉惣五郎がその将門の子孫となると、先の疑問——百姓一揆の指導者をモデルにした歌舞伎興行を、幕府が許可したことの理由——に対しての、「江戸の守護神神田明神の平将門の御霊」を楯にしたという指摘が、いかに妥当であるかが理解できるからである。小団次の夢の中に現れた将門が、惣五郎のことを「わが子孫」と述べていることの意味は実に大きいものがあるといえよう。ただし、たとえ将門と惣五郎が同じ下総出身であったとしても、実際に惣五郎が将門の子孫、あるいはそれにふさわしい人物であることが明らかにされないかぎり、小団次の夢は説得力不足といわれざるをえない。惣五郎伝説の取材はもちろん、この点の確認のためにも小団次らは下総佐倉へおもむかなければならなかったのである。

『藤岡屋日記』によると、成田不動（新勝寺）参詣と称して佐倉におもむいた小団次らは所々の旧跡を見学したり、岩橋村の庄屋方に止宿して惣五郎のことを調べ、その墓所を訪ねたりもしているが、なかでも注目されるのは、将門山に鎮座する口の大明神に参詣していることである。将門山といえば、古くから将門を祀る将門山大明神の社殿が造営されていたが、それとは別に新たな社殿が造営された承応三年（一六五四）以後、人々の間で御霊神将門と御霊神惣五郎とが重ねあわせて語られるようになった地域であることについては先に述べたところであり、また惣五郎はその将門山大明神に口の大明神として合祀されているのである——口の大明神は惣五郎一家を刑死に追いこんだ領主堀田正信の弟正俊の流れをひき、延享三年（一七四六）に再び佐倉藩主となった堀田正亮《まさすけ》により、惣五郎鎮魂のために建立されたと伝えられている——（嵐・小池・高橋前掲書、鏑木前掲書）。すなわち、小団次らは佐倉の地において、御霊神惣五郎誕生にさいし、古くから同地で祀られ、語り伝えられていた御霊神将門の存在が大きな役割を果たしたであろうことを、実感として受けとめたに相違あるまい。ともに下総地方を本拠に、「万民のために命を投げだし、いまも神と崇められている」点において、惣五郎は将門の子孫にふさわしい存在であったのであり、小団次の夢は、それが確認されたことから、より説得力を発揮することになったと考えられるのである。

もっとも神田明神への祈念後、夢に現れた祭神将門の霊から惣五郎のことを告げられた小団次が、取材のために下総佐倉へ出かけたというのは、小団次らが作った筋書であることの可能性も大いにある。本来は、前もって暖めていた惣五郎の話の歌舞伎化を企画する→下総佐倉へ取材に出かけたさい、御霊神将門と御霊神惣五郎が重ねあわせて語られていることを知る→将門が江戸の総鎮守神田明神の祭神であることから、その霊に惣五郎が子孫であることを夢の中で小団次に告げさせる、などといった順に企画が進められたものではなかろうか。この点、神田明神祈念・新狂言上演の三年前にあたる嘉永元年、小団次が成田山参詣の折、すでに旅籠《はたご》菱屋に泊まって『地蔵堂通夜物語』を探し求め、ようやく寺台村の小倉長左衛門から借用したという話が伝わっていることも、先の可能性を高めてくれる（嵐・小池・高橋前掲書）。また前述のように、曲亭馬琴『昔語質屋庫』にも七人将門に関する美女桔梗の前の話に将門山が登場するなど、以前からこの地域における将門伝説が江戸でも話題にされていたことも忘れてはならないであろう。

なお、この幕末に上演された新狂言について、最後に付け加えておきたいのは、そこに『前太平記』や山東京伝の『善知安方忠義伝』とは明らかな異質性が認められるということである。たしかに「東山桜荘子」にも恐ろしい怨霊が登場したりなどするが——というより、劇中、重要な役割を担っている——、虚構の目立つ『前太平記』、伝奇的傾向の強い『善知安方忠義伝』と比較する時、「東山桜荘子」からは、現実性・実録性と寄り添う姿勢が少なからずうかがわれるのである。あるいは、そうした姿勢は先の真福寺本『将門記』の刊行、それにもとづく馬琴の将門伝説批判などとつながっているのではなかろうか。今後も検討を継続していきたいと考えている。

叛臣将門とその復権運動

明治期の将門伝説

神田神社の祭神論争

教部省の将門祭神廃止論

慶応三年（一八六七）一〇月の将軍徳川慶喜《とくがわよしのぶ》による大政奉還、同一二月の倒幕派による王政復古の大号令・小御所《こごしょ》会議をもって、二百六十余年も続いた江戸幕府は崩壊した。当然のことながら、この歴史的大事件は将軍の御膝元《おひざもと》江戸の町に多大な影響を及ぼしたが、なかでも幕末期における歌舞伎「東山桜荘子《ひがしやまさくらそうし》」上演にさいし、その人気の盛り上がりを支えた江戸の惣鎮守神田明神・御霊神《ごりょうじん》将門がうけた打撃は実に厳しいものがあった。

この点に関してまず注目されるのは、明治六年（一八七三）一二月に神田神社――慶応四年（一八六八、九月改元して明治元）三月の神社分離（判然）令布告により、社名を神田明神から神田神社へ変更――から東京府に提出した願書である。その内容を整理すれば次のようになる（安丸良夫・宮地正人校注『日本近代思想大系5　宗教と国家』岩波書店、一九八八年。以下、祭神問題に関わる史料は、ことわらないかぎり同書に拠る）。

(1)　現在、本社に合祀されている将門霊神は、旧社地が芝崎村に鎮座当時、本殿から一〇〇歩ほど離れた別殿に祀られていた。しかし慶長年間（一五九六～一六一五）、社地が神田台へ遷された時から二の宮として本殿に合祀されたものである。

(2)　その後、寛永年間（一六二四～四四）に将門は勅勘《ちょっかん》を免じられ、さらに庶民の信仰や神の霊験もあって、数百年来崇敬をうけてきた。したがって今さら、祭神を廃置するなどということは論外である。

(3)　とはいえ、将門霊神はもともと別殿に祀られていたことでもあり、また大穴牟遅《おおなむち》大神（大己貴命、一の宮）と合祭することもはばかられる。そこでこのたび、旧《もと》に復して本社の側に別殿＝摂社《せつしゃ》を造営し、将門霊神を奉祀することにしたい。また将門霊神のあとの本社へは少彦名命《すくなひこなのみこと》を合祭することにしたい。

要するに、神田神社から東京府に対して、将門霊神を本殿から別殿に遷し、かわって本殿には少彦名命を合祭することの許可を願い出たのである。いったい神田神社は、どうしてこのような動きをとったのであろうか。この点を考える上での手がかりは、願書中、今さら将門霊神を廃置することはできないとしている箇所にある。すなわちそれは、詳細は不明ながら、前年に教部《きょうぶ》省《しょう》――明治五年から五年間、新政府の宗教行政を担当した中央官庁――から神田神社へ将門霊神に対する異議＝将門祭神廃止論が出されていたことへの対応策にほかならなかったのである（神田明神史考刊行会『神田明神史考』神田神社社務所、一九九二年）。しかし、この別殿奉祠《ほうし》策に対しても教部省の反応は強硬であった。

将門の霊位除去に関する、次に要約するような「教部官員某議案」が『新聞雑誌』に掲載されたのは、翌明治七年二月八日のことであった。

我が国において、上古以来、叛逆の臣と称される者がいなかったわけではない。しかし皇位をうかがった者は賊臣平将門一人だけである。それゆえ天皇のいらっしゃるこの都にあって、将門の霊を祭祀し、庶民が信仰することを認めることはできない。庶民が異霊を恐れてこれを祀るようなことは、今日の文明の世にあってはならないことである。

そのような庶民を引きつけ惑わすものを取り締まり、よく教化するのが教部省の役目である。神田神社祠官の本居氏の出願のように摂社造立などせず、断然、将門を祭神から除去すべきである。もはや九〇〇年前の霊魂は散じている。

こうした教部省内における強硬な意見もある中、東京府が神田神社の願い出どおりに将門霊神の別殿奉祀を許可したのは、その五日後の二月一三日のことであった。もっとも教部省側がこれで引き下がったわけではなかった。三月二六日付『新聞雑誌』によれば、教部省・東京府からあらためて神田神社側に対してその意向が問われているからである。

これに対する神社側の回答は次の三案のうち、いずれに決定されても従うので、よろしく御指揮下されたいというものであった。

神田神社側の抵抗

(1)朝議をもって、どうしても将門霊神を廃止されるといわれるならば、謹んで従う。

(2)廃止ではなく、願い出どおり別殿造営を御聞き届けいただけるならば、しばらくの間、将門霊神を摂・末社に合祭する。

(3)上記二案のいずれにも決めかね難いといわれる場合は、これまで同様、本殿に大己貴命と将門霊神を合祭する。

たしかに(1)案を読むかぎり、神田神社側は、教部省側の攻勢に押し切られそうである。しかし実はその前に、今日まで何事もなく奉祀してきた祭神（二宮の将門霊神）をいきなり廃止せよといわれても、神霊に対してとても決めかね難いことであるとの神職の総意を主張しており、さらに(3)案に至っては、なお従前どおりの合祭の可能性も追求しているのである。こうした神田神社側の万が一にも(1)案はありえないとの確信すら感じられる対応ぶりの背景としては、すでにいったんは東京府による許可が下されているとの自信があったからであろう。結局、教部省側も別殿祭祀で妥協せざるをえなかった。教部省・東京府からその旨の許可が下されたのは、それから三か月後のことであった（岸川雅範「将門信仰と織田完之」〈『國學院大學大學院紀要—文学研究科—』

三四、二〇〇三年〉)。

教部省による将門霊神への圧迫といえば、右のようなやり取りが行われた三月には、ほかにも寛文一一年(一六七一)以来、社殿に掲げられていた「神田大明神」の勅額が、将門のために下《か》賜《し》されたものであるとして、その取り外しを命じられるという問題が起こっている(前掲『神田明神史考』)。この勅額問題は、結局、六か月後、当時の太政大臣三条実美《さねとみ》筆の「神田大神」の額と取り替えることで落ち着いているが(『神田明神史料集』年表、神田神社、二〇〇四年)、それにしても教部省側はどうしてこのように執拗なまでの干渉を将門霊神に対して行なったのであろうか。

そこでまずあげられるのは、先の「教部官員某議案」にもみえるように、将門がわが国の歴史上、皇位をうかがった唯一の叛逆の臣とみなされていたことである――検定教科書が使用される以前の小学校歴史教科書を代表するといわれる大槻文彦『校正日本小史　巻之上』にも、「凡《およ》ソ、本朝、叛臣アリトイヘドモ、帝ト僭号セシ者ハ、古今将門一人ノミ」とある(海後宗臣編集『日本教科書大系・近代編』一八、講談社、一九六三年)――。また教部省の中に、「平将門→武家政治→徳川幕府という考えから、江戸の総鎮守として徳川幕府の庇護《ひご》を受けてきた神田神社に対し、非常に強い憎しみの感情を持っていた」人々が多数いたことも指摘されている(前掲『神田明神史考』)。なおこの点に関連しては、前述した将軍家の侍講《じこう》新井白石などの近世の歴史家たちが、将門の乱の原因を藤原氏の専横に求め、将門謀叛人観を強く押し出していないことへの反発も付け加えておく必要があろう。そして、さらに忘れてならないのは、これも先に述べたように、近世における百姓一揆の伝説的指導者佐倉惣五郎を主人公とする歌舞伎興行の実現、およびその盛況にさいして、神田明神の祭神将門が重要な役割を果たしていたことである。この事例は将門霊神が江戸庶民の反権威的意識の高揚、反権威的行動の活発化にさいし、強力な起爆剤的役割を担う可能性を有していたことを示している。将門は九〇〇年以上も前の、単なる歴史上の叛逆の臣ではなかったのである。

摂社将門神社への遷座

教部省・東京府の許可により、将門霊神が神田神社本殿から境内の大国主神社へ仮遷座されたのは明治七年八月、さらに氏子《うじこ》からの寄付によって落成した摂社将門神社へ遷座されたのは明治一一年一一月のことであった（前掲『神田明神史料集』年表）。

ここで興味深いのは、当時の新聞記事からうかがうことのできる、こうした神田神社の祭神改変にさいしての氏子ら地元の人々の反応である。たとえば祭神改変後における最初の神田祭の前日、九月一四日付『郵便報知新聞』は、「神田明神の旧本尊を逐斥《ちくせき》して　神田ツ児すねる」という見出しを掲げ、次のような内容の話を載せている（『新聞集成明治編年史』第二巻、財政経済学会、一九三四年、のち一九七二年再版）。

このたびの祭神改変により、氏子一同の人心が渙散《かんさん》（とけ散ること）してしまい、例祭日が近付いても事を挙行しようとする者もいない。しかも人々は氏神の恩恵を忘れ、神徳に背いたとして神主らを怨み誹《そし》り、一文銭の寄付でさえ快《こころよ》しとしない。それに比べて将門霊神の新社殿建設のための寄付金はすでに千円近くも集まっているという。

また神田祭後の九月一九日付『官准教会新聞』には、次のような祭当日の様子を記した投書も取り上げられている。

例年、祭当日は大変なにぎわいで、歌舞管絃に街も沸き、燈火も昼のように明るい。しかし本年は、市街はものさびしく、人々もまるで祭を楽しまないようにひっそりとしており、ほとんど平日と変わらない有様である。

祭神改変にさいしての氏子をはじめとする地元の人々の反発・動揺ぶりがそのまま伝わってくるような記事である。なかでも神田祭への寄付金が思うように集まらなかったのに対し、将門神社の新社殿建築に多額の金額が寄せられていることは、同年一一月一四日付『読売新聞』が前日の神田神社の境内における「将門の社の棟上《むねあげ》」に「氏子ぢうの消防組が出かけて大そう賑《にぎ》やかで有ッた」（読売新聞記事データベース『ヨミダス歴史館』）と報道していることと合わせて、神田神社内における将門霊神への人々の信仰の根強さをよく示しているといえよう。

明治天皇の神田神社行幸

旧幕府時代、江戸の総鎮守といわれた神田神社の祭神をめぐっての右のような混乱を、明治新政府もそのままにしておくことはできなかった。そこで取られた措置が、祭礼日直後の九月一九日における明治天皇の神田神社行幸である。

同年九月二二日付『東京日日新聞』は、去る一九日、板橋駅外蓮沼村での練兵天覧からの帰途、「（明治天皇が）神田神社にて御休息あり、御幣物《へいもつ》を進《まい》らせらる」と記し、その折、祠官本居豊頴《とよかい》が「鎮座の来由等を奏上」したことを報じている（前掲『新聞集成明治編年史』第二巻）。この、わざわざの神田神社行幸の目的が、鎮座の由来奏上にあったことは明らかである。すなわち、すでに指摘されているように、これによって神田神社の祭神改変＝将門霊神の別殿祭祀を明治天皇が認めたことになるからである（千葉県立大利根博物館・同関宿城博物館共同企画展図録『英雄・怨霊平将門―史実と伝説の系譜―』大利根博物館友の会、二〇〇三年）。

祠官・氏子を始めとする多くの人々に動揺をもたらした神田神社の祭神改変＝将門霊神の祭神降格問題は、こうしてとりあえずは落ち着くことになった。この点、のちに作家村上元三も「逆賊を祀る江戸っ子の氏神」の中で、明治天皇の神田明神参拝の理由は不明としながら、「とにかく、天皇の参拝があった、と新聞で知った神田明神の氏子たちは、大そうよろこんだという」と書いている（『文芸春秋デラックス』一九七五年一一月号）。もっとも将門霊神の祭神降格への不満が、これで全面的に解消されたわけではなかった。それから一〇年後の明治一七年九月の祭礼で、この間、中断されていた山車《だし》祭がようやく再興された時のことである。当日、山車四六台や踊台・飾物などが出されていたにもかかわらず、あいにく午後から大暴風雨に見舞われ、多くの山車などが倒壊してしまったが（前掲『神田明神史料集』年表）、人々の中にはすぐにこの大暴風雨を将門の祭神降格と結びつけて噂をするものも現れたのである。翌一六日付『時事新報』の漫言欄に次のような記事がみえる。読み易い文章なのでそのまま引用することにしよう（前掲『神田明神史考』）。

明治の初年朝敵論の喧《かまびす》しき際、ヨセバよいのに神田明神の神体にまで難癖をくっ付け、将門様は末社に御牢舎、其《そ》の代わりの神体には遥々《はるばる》常陸国鹿嶋郡礒浜《いそはま》村大洗の浜辺より大己貴命（正しくは少彦名命）を迎え来たりて、相替わらず神田明神と勧請《かんじょう》し奉りたり。ソコデ先主人将門様は大立腹、己《おの》れ左捻《ね》じ（変わり者）の素町人《すちょうにん》めら、我三百年鎮守の旧恩を忘れ、将門は朝敵ゆえに神殿に上《の》ぼすべからずなどとて末社に追い退けたるこそ奇怪《きかい》なれ、ヨシ〳〵今にもあれ目に物見せて呉《くれ》んずと時節を待つ甲斐もなく、隔年の祭礼は申訳計《ばか》りの子供だまし、神力を費やすほどの直打《ねう》ちもなかりしに、今日という今日こそは大江戸の昔に劣らぬ大祭礼、待ち設けたる将門様は、時こそ来たれりとて日本八十余州より数多《あまた》の雨師風伯《うしふうはく》（雨の神と風の神）を駆り催し、大事の〳〵十四日の宵宮《よいみや》よりして八百八町を荒れ廻わりて折角《せっかく》の御祭りをメチャ〳〵に致されたるなり。

図12　将門祭神復活後の動きに関する新聞記事

(『朝日新聞』1987年5月19日夕刊)

右の記事によって、隔年の祭礼が「申訳計りの子供だまし」といわれるような小規模なものとなっていることなどもわかって興味深いが、とくに注目されるのは、多くの山車を破損させた大暴風雨が、「大江戸の昔に劣らぬ大祭礼」の日をねらった「先主人将門様」の「大立腹」によるものだと主張していることである。これは「将門様」の「大立腹」がこうした漫言欄執筆者のような人々の「大立腹」にほかならないことを物語っているといえよう。神田神社の氏子たちは、こうした憤りを抱きながら、将門霊神の本殿復座を、昭和五九年（一九八四）まで待たねばならなかったのである。

織田完之の将門雪冤運動

『平将門故蹟考』の刊行

明治七年（一八七四）の神田神社における将門霊神の祭神降格問題に代表されるような、将門を皇位をうかがった国史上唯一の叛臣（朝敵）とする見方が、歴史教育の場などを中心に広く展開される中にあって、明治四〇年前後の頃から、その雪冤《せつえん》運動、すなわち将門＝叛臣論が冤罪であることを明らかにし、将門の潔白を示そうとすることに奔走した人物がいた。本書プロローグで紹介した、明治三八年刊行の真福寺本『将門記』の注解書『国宝将門記伝』、当時の大蔵省構内にあった古塚＝伝将門墳墓の由来を説き、関東各地の将門ゆかりの遺跡・伝説を調査・記録した明治四〇年刊行の『平将門故蹟考』の著者織田完之《おだかんし》である。織田完之その人については後に述べるとして、ここではあらためて両書のうち、『平将門故蹟考』を取りあげ、いま少し詳しくみておくことにしたい。

図13　織田完之肖像
（『鷹洲織田完之翁小伝』より）

プロローグで紹介した同書「跋《ばつ》」の要旨によると、織田は最初に将門に関してもっとも信頼できる書物＝『将門記』の注解書を出版し、それにもとづいて将門の冤罪についての審理を大審院・控訴院の両院長、また宮内省に求め、さらには帝国大学史料編纂掛や文学博士らのもとへ訪れたりしたにもかかわらず、一向に埒《らち》があかないため、みずから冤罪を解こうとして、日々、事実をしらべ、地理をさぐり、文書を照合することに力を注いだ結果、ようやく同書をまとめることができたというが、この労作は次のような構成になっている。

○総論　『平将門故蹟考』編纂の意図として、平将門の遺骸や首級が葬られている武州芝崎村日輪寺などの故跡を明らかにすること、明治の今日、将門の故跡を明らかにし、また歴史の虚妄を訂正して全国の学童に真実の将門を知らせ、外国には日本国の始まり以来、一人の叛臣もいなかったことを示すことなど一〇項目をあげている。根本史料としての真福寺本『将門記』以外の参考文献のうちには、『利根川図志』など関東各地の地誌類が多く載せられている。

○平将門故蹟考序　図版「大蔵省庭前古《こ》冢《ちょう》井池喬木石燈水盤現在図」「平将門公像」

○平将門故蹟考　いわゆる本体部分にあたる。大手町（旧芝崎村）の平将門の塚、湯島台の神田明神や浅草の日輪寺（ともに旧芝崎村から移転）のほか、牛込区の津久戸《つくど》神社、浅草区の鳥越神社、日本橋区の兜《かぶと》神社などを取りあげ、さらに続けて、将門の本拠地である下総猿島《さしま》郡をはじめ、関東地方に残る多数の将門故跡のうちから、みずから見聞したものにしぼってその概略を記している。

○将門事実　将門の真実を知るには真福寺本『将門記』が最善の史料であるとして、同書により将門の出自から死までを要約し、藤原純友《ふじわらすみとも》との比叡山《ひえいざん》における共謀、藤原秀郷との会食、宮都の造営、平親王の自称などが誤りであることを主張。問題の新皇即位記事は、宴席における「茶番狂言」とする。

○神田明神　『寛永日記』（『幕府御城日記』）、『御府内備考』続編をはじめ、近世史料にみえる神田明神の由来・遷座・祭日などについての記述を紹介している。

○相馬旧迹《せき》　将門との深い関係が伝えられている下総国相馬御厨《そうまのみくりや》の故地を織田が訪れたさい

の記録、および相馬氏の系統に関する記述などを載せている。
○八幡不知森《やわたしらずのもり》　その中に入ると神の祟りがあると伝えられている下総東葛飾郡の八幡不知森（現、千葉県市川市の八幡藪《やぶ》知らず）と呼ばれる竹樹林の由来を探っている。
○武蔵国造《くにのみやつこ》旧跡　『将門記』によると、武蔵国の国司源経基《みなもとのつねもと》らに抵抗したという、足立郡司武蔵武芝の先祖にあたる武蔵国造の故跡を探り、またそれに関連して、著名な『更級日記《さらしなにっき》』に見える竹芝寺伝説にも言及している。
○故蹟保存碑　ここでは次の二点を中心に論じている。
(1)　明治三九年五月、大蔵省構内（旧芝崎村）の古塚＝伝将門墳墓（首塚）保存のために建設された碑（伯爵松方正義書）について。
(2)　神田区連雀町小栗家（神田神社の氏子）所蔵の遊行二一世真教《しんぎょう》上人真筆「蓮阿弥陀仏」の「版碑搨本《とうほん》」＝板碑拓本について。この拓本は、鎌倉後期、柴崎村を訪れた真教上人が将門に「蓮阿弥陀仏」の法号を贈って供養したさいの板碑の拓本と伝えられ、文化二年（一八〇五）に二葉作成されたという。
なお右の二点に続けて、かつての将門の本拠地＝下総猿島郡岩井町の人々の依頼をうけて、織田が同地で行なった講演に関する記述がある（後述）。
○跋　本書をまとめるに至った織田の意図が述べられている（要旨は紹介ずみ）。

以上、『平将門故蹟考』の概略を紹介したが、ここからだけでも織田が東京をはじめ、関東各地を歩いて人々と触れあいながら収集した豊かな将門伝説の一端をうかがうことができるのである。

将門本拠地での講演

すでに指摘されているように将門＝叛臣論に対して将門弁護論を唱えたのは、織田完之が最初ではない。その先駆者としては明治二〇年代後半における田口卯《たぐちう》吉《きち》・三浦周行《みうらひろゆき》などといった著名人の名前があげられているが（佐伯有清ほか前掲書）、にもかかわらず、将門弁護論といえば織田の名前が特筆されるのはほかでもない。それは、これもすでに注目されているところだが、織田が先に紹介した大蔵省構内の故蹟保存碑建設に代表される実践的活動を行なっていたからである（岸川前掲論文）。まさに織田の仕事は、単なる弁護「論」にとどまらず、雪冤・顕彰「運動」と呼ばれるにふさわしいものであった。

織田の精力的な活動のなかでも、とくに印象深いものの一つに、『平将門故蹟考』が載せる次のようなエピソードがある。すなわち、先の概略紹介のうち、「故蹟保存碑」の箇所で触れておいた、かつての将門の本拠地における織田の講演に関しての記述で、当時の雰囲気が実によくわかることから句読点・ルビ・注記等を付して引用したものである。

> （明治四〇年四月三日）聴衆頗《すこぶ》る多く、数百人、殆《ほとん》ど猿島全郡の集会也と云へり。即《すなわち》十時より開演す。歴史伝ふる所の荒唐たるを弁じ、『端欠《たんけつ》（冒頭文を欠くこと）将門記』の信拠

とするに足る迄の事を述て十二時に至る。午後一時より「将門事実」を述る両段とし、建碑に至れる迄を述て三時半に及んで止む。満場喝采して、斯《かか》る長談に渉《わた》れるも、聴衆更に倦怠の色なくして粛聴《しゅくちょう》せり。是九百六十七年来、将門の根拠地に於て、始て其事実の真相を溝（講）演するか為なり。

岩井町のみならず猿島全郡から集まった数百人にもおよぶ聴衆は、お昼をはさんで前後四時間半にわたる織田の講演に倦怠の様子もみせず、満場喝采して感動の意を表したという。まさに織田にしてみれば、面目躍如たるものがあったというところであるが、この文章から確実に伝わってくるのは、故郷の英雄将門復権を願う人々の熱気である。そしてそれが単なる一過性のものでなかったことは、五年後の明治四五年、岩井町の国王神社に、「里人」の「胥議《しょぎ》（ともどもに議すること）」をもって、「此祠は平将門公の霊也」云々と刻まれた碑が建立されていることからもうかがうことができる（栗原東洋『印旛沼開発史第一部　印旛《いんば》沼開発事業の展開（下巻）』印旛沼開発史刊行会、一九七三年、以下『印旛沼開発史』と略す）。なお近世成立の『国王大明神縁起演書』には、同社は天禄三年（九七二）、将門三三回忌にあたり、娘の如蔵尼によって創建されたとみえている（前掲村上『平将門伝説』）。

『平将門故蹟考』の意義

右のように織田の活動は将門伝説が語り伝えられていた、それぞれの土地における人々との交流を抜きにしては語ることができないが、こうした点もふまえて『平将門故蹟考』刊行の意義を次のようにまとめておきたい。

(1) 将門の故跡・伝説を数多く集め、明らかにしたことにより、本書プロローグで紹介した幸《こう》田露伴《だろはん》の関心──関東地方の民が昔から今に至るまで各地で将門の霊を祀り、天位をうかがった不届き者に同情し、これを敬慕しているのはなぜか、それは何を語っているのか──などにもみられるように、同書は将門再評価にさいして真福寺本『将門記』の記述とともに有力な武器となった。

(2) 同書を中心とする活動を通じての各地の人々との交流は、そこからまた新たな将門伝説との出会いをもたらすことになった。たとえば現在、流通経済大学図書館の祭魚洞文庫には、明治末期から大正期、茨城県在住の郷土史家から織田のもとに送られてきた、当時の筑波郡一帯の古碑調査記録をはじめとする書状類などが所蔵されている。なお祭魚洞文庫は織田と親交のあった渋沢栄一《しぶさわえいいち》の孫敬三の蔵書を納めていることから、織田の将門関係書類も含まれているのである（前掲村上『平将門伝説』、前掲千葉県立大利根・関宿城博物館共同企画展図録）。

(3) 後世における将門故跡・伝説の発掘・研究の先駆的役割を果たした。この点、前掲梶原・矢代著『将門伝説─民衆の心に生きる英雄─』も、「遺跡が崩壊していくいっぽうであった

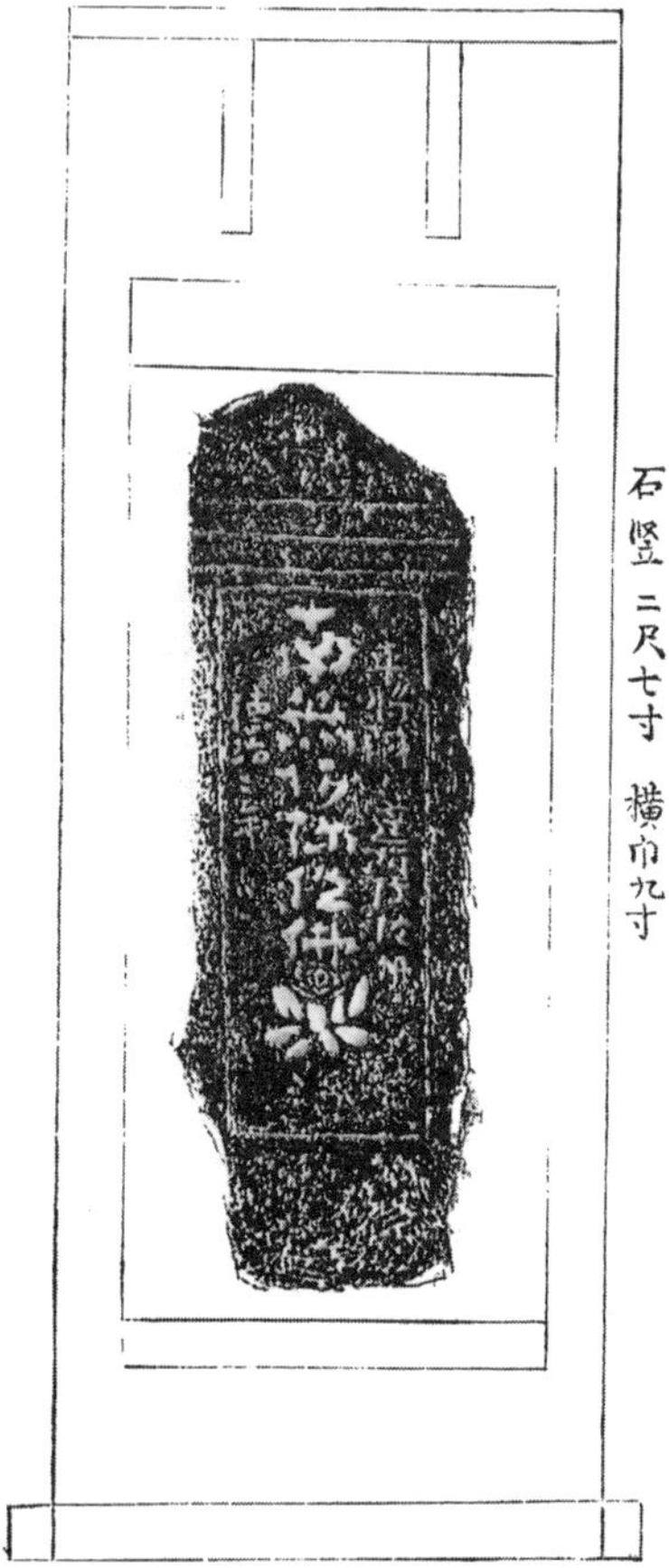

図14　平将門蓮阿弥陀仏の板碑拓本
（遊行２世真教上人真筆,『平将門故蹟考』より）

その後の何十年かのことを考えれば、この〝故蹟〟を記しとどめた翁の努力はきわめて大きく評価されてよいであろう」と述べている。なお、この『将門伝説』の付録「将門伝説分布」には約三八〇話を収めるが、そのうちの約六〇話は『平将門故蹟考』を出典としている。

(4)　鎌倉時代後期、時宗の他阿弥陀仏真教上人によって鎮められた将門墳墓の祟りが、織田による将門塚保存運動や『平将門故蹟考』刊行以後、再び人々の話題にのぼるようになった。なかでもよく知られているのが、昭和三年（一九二八）に浅草日輪寺で行われた、大蔵省を施主とする「平将門大法会《ほうえ》」である。同年三月一五日付の『報知新聞』によると、この大法会のそもそもの発端は、大正一二年（一九二三）九月に起こった関東大震災によって、当時大蔵省内にあった将門墳墓＝首塚も破損して取り崩され、その跡にバラックの仮庁舎が建てられたことにあるという。すなわち、こうした大蔵省の将門塚に対する処置以後、大蔵大臣をはじめとする一四人もの同省関係者が亡くなったり、多数の怪我人を出すという事態が生じ、これを将門の祟りとする噂が広まったことから、ついに将門鎮魂の法会が行われることになったというのである。

その後、昭和一五年には暴風雨のさ中の落雷で大蔵省などの官庁が焼失したさいにも将門慰霊祭が催されている。また昭和二〇年、第二次世界大戦が終わって進駐してきた米軍用のモータープールを将門塚付近に造成することになった時も、作業中のブルドーザーの日本人運転手が事故死しており、このためＧＨＱ（連合国軍総司令部）も将門塚の保存を了解することになったという。さらに東京の復興が進み、将門塚周辺に各企業の高層ビルが立ち並ぶようになった昭和四〇年代に至っても、将門の祟りの噂は近隣の人々の間でささやかれていた。たとえば昭和四五年七月一九日付『朝日新聞』などは、当時の日本長期信用銀行では塚に面した各階の行員が相ついで発病したことから盛大なお祓いが行われ、塚に面した行員は塚に尻を向けなくなったというエピソードを載せている（前掲『神田明神史考』、前掲千葉県立大利根・関宿城博物館共同企画展図録）。

以上、明治後期から大正期にかけて叛臣将門の雪冤・顕彰運動に奔走した織田完之がその過程で著し、また刊行後は擁護論の有力な武器ともいうべき役割をになうようになった『平将門故蹟考』について、同書の内容および意義を述べてきた。そこで次に問題になってくるのは、何が織田をしてそこまで将門雪冤に駆りたてさせたかということである。この点について考えてみるには、やはり、これまでも織田の活動に関心を寄せた人々が行なったように、そこに至るまでの彼の人生をたどらねばならない。

尊攘運動との関わり

織田完之は天保一三年（一八四二）、三河国額田《ぬかた》郡福岡町南高須、現在の愛知県岡崎市の矢作《やはぎ》川左岸で生まれた。二歳の時に両親（父は良右衛門、母は隆〈リウ〉）を喪い、長兄董作が継いでいた母方の実家で育ったという。こうした出生から始まる織田の伝記としては、織田の次女種子の婿雄次が著した『鷹洲《ようしゅう》織田完之翁小伝』（私家版、一九二九年、以下『小伝』と略す）や前掲『印旛《いんば》沼開発史』があり、また両書いずれにも、大正五年（一九一六）、織田七五歳（数え年、以下同）の時に郷里に建てられた「鷹洲先生寿碑」（渋沢栄一篆《てん》額、寿碑＝寿蔵碑は生前に建てておく墓）が載せられている。以下の記述は主としてこれらによっている。

さて、母方の実家で成長した織田は、一四、五歳の頃から郷里で医術を学んだり、漢籍の素読《そどく》を受けたりしているが、安政六年（一八五九）、一八歳になると名古屋に出て松本奎堂《けいどう》に師事している。奎堂は三河刈谷藩士の家に生まれ、江戸の昌平黌《しょうへいこう》（昌平坂学問所）に学んだのち、名古屋で塾を開いていたが、文久元年（一八六一）に塾を閉じて京に上り、翌々年、中山忠光を擁する天誅組《てんちゅうぐみ》の総裁となって大和五条で挙兵・敗死した、著名な尊攘派の志士である。森銑三《せんぞう》『松本奎堂』（『森銑三著作集』第六巻、中央公論社、一九七一年、初出一九四三年）に奎堂の門下生としてしばしば登場する織田もその影響を強く受けており、前記『小伝』にも「師の意を受けて京師（京都）に往来し国事に奔走す」とある。もっとも奎堂は文久元年の上京にさいし、織田を伴ってはおらず、織田は奎堂上京の翌年、郷里中郷で医業を開いている。

しかし多感な青年期の織田はそのまま郷里にとどまることはできなかった。奎堂敗死の翌年、元治元年（一八六四）に水戸藩尊攘派による天狗党の乱が起こると、早速、江戸経由で常陸の筑波山へおもむいて戦況を視察し、「同志の警発」のために『常野紀聞』を著すなどしているのである（『小伝』、ただし前記「鷹洲先生寿碑」は『常野兵談』とする）。さらに常陸から帰ると今度は京へ上り、桂小五郎（木戸《きど》孝允《たかよし》）らと親しく交わって長州藩の正義に感じ入ったりしているが、慶応三年（一八六七）五月、二六歳の時にその長州の萩《はぎ》をめざして西へ向かった。『小伝』は「萩の同志に京摂の近況を告げんと欲し」たためと記し、前掲『印旛沼開発史』は四年前の八月一八日の政変で長州へ逃れた七人の公家（七卿落ち）の身辺を世話するためだったという説があったことを紹介している。なお、「鷹洲先生寿碑」は織田の西遊を常陸行きの翌年、すなわち慶応元年とする。

織田は、途中、各藩の厳しい警戒の目をくぐり抜けながら、六月後半、周防《すおう》岩国に入ったところで吉川《きつかわ》藩によって幕府の間諜（スパイ）とみなされ、ついに拘禁されてしまう。この年は一〇月に将軍徳川慶喜が大政奉還を申し出、一方、朝廷も一二月に王政復古の大号令を出すなど、きわめて緊迫した政治情勢のもとにあったことによるものであろう。『小伝』には拘禁の不当性を訴えた上書文も含まれている。

獄中生活一年八か月後の明治二年二月、織田はようやく釈放されることになるが、この点について『小伝』は「全く事明白し解かれて東京に還り」と記し、『印旛沼開発史』は長州藩の品川弥次郎の尽力があったという話を載せている。

人生の転機

釈放後まもなく、織田は東京で弾正台《だんじょうだい》少巡察に任じられ、ついで若松県知事兼城守四条隆平の推挙で若松県に赴任し、権少属《ごんのしょうさかん》から監察局頭取となり、主事を兼担して県学黌《がっこう》創設にあたっている――若松県の県域は会津など四郡、明治九年に福島・磐前《いわさき》県と合併して福島県となる――。しかし翌年七月、病気のためにやむなく職を辞して郷里岡崎に帰り、静養生活に入るが、のちに述べるように、たとえ短期間であったとはいえ、この若松時代の体験はのちの織田の生き方に実に大きな意味をもつことになるのである。

明治四年一一月、織田は再び上京して大蔵省記録寮に入り、同七年には創設された内務省の勧業寮に転じている。ここでは勧業権頭《ごんのかみ》松方正義の知遇を得たというが、注目されるのは内務省転任の理由である。『印旛沼開発史』は、明治二二年の著作『治水記』に見える次のような織田の文章を引いている。

> 王政維新の二年、利根川を渡りて感あり、任に若松県に赴けり。当時若松（会津）地方は凶荒の後、戦争の跡、塩川辺が暴漲《ぼうちょう》して民家の難渋一方《ひとかた》ならず。この時、巡回を致し、大に感発する所あり。聊《いささ》か農政に心を用ゐる気になりました。それから少々づつ本朝の農書を読みかけました。四年大蔵省に奉職しておもえらく、やはり石屋の悴《せがれ》は石屋、私の如きは百姓の悴であるから、百姓を治めて、食を足し、兵を足し、民之《これ》を信ずと云ふ御世になさばやと存じ、（略）日本固有の農業を鼓舞作興することを心掛けました。

織田みずからが語っているように、戊辰戦争《ぼしんせんそう》における会津戦の生々しい爪痕《つめあと》がのこる中、難渋する民家などの巡回を通じて、織田は「百姓の悴」としての自覚を高めていったのである。若松赴任時代は、まさに今日において「織田は農学者として多くの農書を編纂・著述し、農政家として農政指導・治水事業にたずさわるなど、その半生を農事に費した人物であった」（岸川前掲論文）と評価されている織田の新たな出発点だったのである。この点、『小伝』もまた、当時の会津の地は、なお「殺気黯淡《あんたん》」としていたと記し、戦後の凶荒で道には餓死者も横たわっているような惨状をみて、懸命に救済策を講じようとしている織田の健闘ぶりを伝えている。

印旛沼開発に尽くす

明治七年、三三歳の時に内務省勧業寮に転じ、途中、農商務省設置にともなって農務局勤務となり、同二五年、五一歳で公職を退くまでの官吏織田の多大な事績（農書の編纂・著述、農政指導・治水《ちすい》事業など）のうち、ここで特筆しておきたいのは、結局、成し遂げることはできなかったが、利根川下流右岸、千葉県北部の印旛沼開発事業に対する尽力である。『小伝』が記すところによると、この織田と印旛沼開発事業との関わりは、江戸時代後期に世の中を治めて民を救うという、いわゆる経世論《けいせいろん》を唱えた佐藤信淵《のぶひろ》の『内洋経緯記』――利根川と内洋（江戸湾）を水路で結び、排水をよくして印旛沼などを干拓することを論じている――に学び、早くから関東治水の根本を考えていた織田は、明治・大正期、天竜川などの治水や治山で活躍した事業家の金原明善《きんばらめいぜん》らの協力をえながら、明治二一年以来、印旛沼開発事業計画を推進したが、残念ながら成就することができないまま、後世の人々にその実現を託して公職を退くことになったという。しかし、挫折したとはいえ、この印旛沼地方との出会いは後述するように、その後、織田と将門とを結ぶ大きな要因となっていくのである。

以上、尊攘運動とも深く関わりあった若き日からはじめて、印旛沼開発事業計画の挫折をもって公職から引退するまでの織田の足跡をたどってきたが、すでに紹介したような織田の将門雪冤運動は、いよいよここから展開されることになるのである。それは『小伝』が、「勇退高踏、碑《ひ》文協会《もんきょうかい》に隠れて人の為めに碑銘を作り、潜徳を旌表《せいひょう》（ほめること）するを以て楽と為し、又四方に遊歴して地理を探り、史籍を考察して逸事を検覈《けんかく》（しらべること）し、益々世道人心に資益せんことを力《つと》む」と記しているように、勇退後、新たに設立した碑文協会を拠点に、それまで世に埋れていた人々を顕彰し、復権させようとする織田の活動の中でも、とくに力点がおかれていたものの一つだったのである。それでは勇退以前の織田の足跡をふまえた上で、織田をして将門雪冤に駆りたてさせた要因は何かという、先に掲げた課題の検討に入ることにしたい。

印旛沼地方の踏査

織田と将門もしくは将門伝説との出会い、さらには将門雪冤活動について考えてみようとする時、従来の織田完之論の中でまず最初に注目されるのは、これまでもたびたび紹介してきた『印旛沼開発史』である。同書によると、⑴織田が将門に心を寄せた理由、および⑵織田が将門に関心を持ち始めた時期は次のようになる。

⑴　世に埋もれていた先人の顕彰・復権を目的とする碑文協会設立の背景として、「（自身を含めて）成果を見ることなくして世を果てた人たちへの共感と同情」をあげ、また「或は天誅の浪士たちと交わり、彼なりに維新をたたかった若き日への郷愁が、印旛沼の事業に失敗した老残の身をかすめたかもしれない」とし、この織田の思いに重なりあう人物こそ、前述の佐藤信淵であり、将門だったとする――前者については明治三九年に『佐藤信淵家学大要』を碑文協会より刊行している――。

⑵　織田が将門に関心を持ち始めた時期について、「或は印旛沼開削の運動を通じて、印旛沼

の周辺の下総、常陸の各地を踏査した折、この地に多く残されている遺跡や伝説を見聞したことから始まるのでもあろうか」と推定し、『印旛沼経緯記』（印旛沼開発事業計画の経過を織田みずからまとめたもの）にみえる、明治二一年、利根運河工事の視察の帰途、織田が将門の故跡を訪れたさいの記事を引用しながら解説している。その記事の骨子《こつし》は、印旛沼開削が将門の創意といわれていることを聞いていた織田が、相馬の守谷《もりや》（現茨城県守谷市）にのこる将門ゆかりの古城を訪ねて、懐古の情にひたったというものである。

たしかに印旛沼開発事業を媒介とし、いずれもそれぞれの目的を果たせなかったという共通項を持つ、織田と将門との結びつきを指摘する『印旛沼開発史』の目は鋭いものがあるといえよう。

農漁民へのまなざし

次に神田神社の祭神問題に触れて、「維新の政治過程は、在地の伝統的信仰を根こそぎにし、すべてを天皇制の価値に収斂する強引な過程であった」と説く、宮地正人「平将門と明治維新」（『歴史評論』三一七号、一九七六年）を取りあげる。

この論考も若き日に尊攘思想の影響をうけた織田が、岩国での拘禁をとかれたのち、農政による経世への道を歩みはじめたことに関心を寄せており、たとえば、内務省勧業寮に入って翌々年の明治九年に刊行した調査旅行記録『勧業雑話』などを高く評価している。すなわち、「そこには彼（織田）の苦しい農民生活へのこまやかであたたかい目と政府の勧農政策に対するするどい批判がよくあらわされている」と述べ、その後も織田が多くの著作物を刊行し、また「常に老農老圃と交わるなかで、農漁民と行政と学問の関係を考えていった」ことに注目し、「そのような彼にして、はじめて将門の再評価がなしえたのであった」と論じているのである。

さらにまた、織田を「通り一遍の皇国史観への強い批判者」へと向かわせた要因として、かつて尊攘運動と関わりをもちながらも、「藩閥の中に入ることのできなかった三河出身者」であったこと、「長年の農漁民との接触とその感情を理解する能力」「農政にたずさわるところから不可避的に必要となる史料の蒐集とその忠実な読解力」などをあげていることも、しっかりおさえておく必要があろう。

右の論考からは、明治藩閥政府への複雑な思いを抱き、農漁民の側に自身の立場をすえた農政官吏織田の姿が浮かびあがってくるが、その一方で見落とせないのは、織田がその将門再評価の意義を、先に要約した『平将門故蹟考』総論にもみえる、外国に対して「日本国の始まり以来、一人の叛臣もいなかったことを示す」というところにおいている点を批判していることである。それはこの織田の主張が、たとえば著名な『将門記』の新皇即位記事をめぐる議論にさいしても、「宴席での茶番狂言・余興」という解釈となり、将門の即位はなかったとの結論に至っているからばかりではない。織田の主張をもって、「時代の限界であるとともに、柳田国男もふくめ日本の農政に関係しつつ人民と深く結びついていった人たちの一つの悲劇的ともいえる特徴」だとする指摘が、今後とも織田を語るさいの重要なテーマの一つになっていくと考えられるからである。

実践的な活動

織田完之論のうち、新しいものとしては、将門弁護側を代表する人物として後世まで織田の名があげられる理由を、その実践的活動によるとした前掲岸川「将門信仰と織田完之」がある。そこでもやはり、先に紹介したように、公職にあった当時の織田の農学者・農政家の面を強調しているが、なかでも第一に注目されるのは、織田の農学の最大の特徴として、その「農書編纂・著述が、実際の農政・農業に活かされることを前提として書かれている」と指摘していることである。すなわち織田の将門弁護論の特徴が実践的な活動であったことと同じく、農事においても「織田は農学者であるよりも、実践的な農政家としての面が強い人物であった」――この点、宮地氏論考とも重なる――と述べているのである。注目すべき第二点目は、具体的な織田と将門との接点の場を調べ、『印旛沼開発史』でも取りあげている茨城県の守谷をはじめ、「織田がたずさわった印旛沼開鑿事業や農産物調査・農政指導のために出張した所」には将門を祀る神社があるなど、そこが「将門信仰の盛んな地」であったとし、しかも『平将門故蹟考』中、同書のみに記されている故跡にはその典拠が示されていないことから、それらを「各地の地元民から聞いた口碑・伝承によるものか、あるいは直接出向いて見た故蹟などを記載した」ものと推測していることである。

これらの点をふまえて、「(出張先での農事に関する話し合いといった)地元民たちとの直接交渉から、各地に特有の信仰・民俗・伝承など、特に関東地方における将門信仰の実態を目の当たりにし、歴史学や歴史教科書で語られる叛逆者としての将門との乖離を実感したことと推測される」というまとめ的な箇所を読む時、先行の『印旛沼開発史』などの方向性を、よく継承・発展させた論考として位置づけることができよう。

織田完之と会津若松

右にみてきたような、織田の半生の経歴の中から導き出されてきた、彼を将門雪冤運動に駆りたたせた要因、すなわち若き日に尊攘運動と深い関わりをもったがゆえの明治新政府への複雑な思い、農政官吏としての実践的な活動からうかがわれる農漁民へのあたたかい目、さらに関東近県における調査・出張先での将門伝説との出会いなどについては、筆者もまた、それらが継承すべき正しい方向をさし示していると考えている。ただ、いま少し私見を加えておきたいのは、そのうちの一つである織田に新政府への複雑な思いを抱かせた若き日へのこだわり、および織田の新政府出仕早々における若松県（会津）への赴任に関してである。

まず織田の若き日へのこだわりといえば、気になるものに、明治三六年、亡師松本奎堂の碑が奎堂の生誕地刈谷に建てられた時のエピソードがある。前掲森『松本奎堂』によると、刈谷士族会の依頼をうけて碑文を撰したのは、江戸の昌平坂学問所以来の奎堂の親友で旧仙台藩士の岡鹿《おかろく》門《もん》であったが、この時、織田が小冊子『奎堂先師碑豈《あに》好辯』を刊行するなどして異を唱えたため、撰文執筆から碑の完成まで四年もかかっているのである。また鹿門の撰文には、彼が生前の奎堂から墓碑銘の「遺嘱《いしょく》」をうけていたこともみえるが、織田はこれも信じることのできない虚構とみなし、さらにみずからの撰文をもって侯爵中山孝麿の名で鹿門のものに代えようとしていたという。他者の手による亡師の碑文建立阻止にあたっての、こうした織田の執念ともいうべき思いをささえていたものこそ、奎堂をもっともよく知る者は先師の側近くで学び、師と同じく尊攘運動に関わり、師の敗死後には長州行きまでも企てた直弟子の自分以外にはいないという自負心だったのではないだろうか。そして、この自負心にはまた、周防岩国での長期にわたる拘禁、その後の藩閥政府における恵まれているとはいえない処遇、にもかかわらず印旛沼干拓事業などのために必要な長州閥の品川弥二郎らの協力、などによって生じた屈折した思いがからまっていたのではないかと考えられるのである。

明治二年に赴任した、当時なお戊辰＝会津戦争の生々しい爪痕がのこる若松県での体験が、のちの農学者・農政家としての織田の生き方に多大な影響を与えたことについては、先の「人生の転機」の項で述べたところだが、と同時にここでいま一つ考えておかねばならないことがある。それは、この若松県での体験にもとづく同地方へのまなざしと、のちの将門へのまなざしとの間に通底するものがあったのではないかという推定である――そこには新政府に対する屈折した思いも加えなければならない――。というのも戊辰戦争での敗北後、賊軍・反逆者という政治的評価を与えられることになった会津藩および藩主松平容保《かたもり》の冤罪を雪《そそ》ごうとする動きと、織田が明治二五年に公職を退き、碑文協会を設立して将門らの復権へ乗り出した時期とが重なっているからである（田中悟『会津という神話―〈二つの戦後〉をめぐる〈死者の政治学〉―』ミネルヴァ書房、二〇一〇年）。とすれば、織田による将門雪冤活動の背後に、新政府出仕早々に赴任した若松県（会津）への思いをうかがいみることはそれほど無理な推定ではないと思われるのである。

織田完之から引き継ぐもの

さてこれまで述べてきたことが示しているように、織田が将門の弁護・雪冤運動を展開するにあたり、『将門記』と将門伝説をいわば主要な武器として活用したことは決して間違いではなかったといえよう。もっともすでに指摘されているように、かつて我が国には叛臣なるものはいなかったという前提のもとに展開された織田の論に限界があったことは確かであり、それが『将門記』に関して顕著であったことも、新皇即位記事の解釈・結論を例にあげて先に述べたところである。そこでこの点における近代歴史学からの代表的批判を紹介しておくことにする（大森金五郎『武家時代の研究』第一巻、冨山房、一九二三年。なお漢字は新字体にあらため、ルビを付した）。

是等《これら》は気抜《きばつ》なる説明といふべきであらうが、正当なる解釈とは思はれぬ。此時《このとき》将門は四門の陣を固め、且《か》つ諸国の除目《じもく》を行うた際であつて、言はば厳《おごそ》かなる式場で、決して酒宴乱酔の折柄《おりがら》などではない。託宣は当時としては屢々《しばしば》見受けられる事で、決して珍しい例ではない。織田完之氏は将門の行為を終始弁護に勉《つと》められるのであるが、史筆は公平を要し、過ぎたるは及ばざるが如しで、余り贔屓《ひいき》しては、却《かえ》つて贔屓の引倒しの感がなきにしもあらずと思はれる。

主要な武器としての『将門記』に依拠した織田の論は、近代歴史学の側からは右のような評価をうけることもあったが、これに対して、織田が将門伝説をもう一つの武器としたことは、本章のうち「『平将門故蹟考』の意義」でもまとめておいたように大きな成果を残した。今日、千五百五十余もの将門伝説が全国各地に残る理由を考えるにさいし、織田の仕事――それは、農漁民に心を寄せながら歩んだ農政官吏としての半生の中で育まれた――が、各地域における人々の将門への思いを深めるとともに、のちの梶原正昭・矢代和夫・村上春樹氏らに引き継がれていったことをあらためて確認しておく必要があろう。

将門伝説が語るもの——エピローグ

将門伝説の発生から展開

本書は、平安時代の半ば、下総《しもうさ》国を拠点に反乱を起こし、中央政府や坂東《ばんどう》の国々の人々に大きな衝撃を与えて滅んだ平将門にまつわる伝説の歴史を、その豊かな世界の一端にでも触れたいとの思いから、乱後まもない時期から近代に至るまでたどってきたものである。

まず「平将門の乱と『将門記』」では、中央政府側の記録とは異なり、乱に至るまでの経緯（将門が乱を起こすに至った動機・いきさつ）から始めて、相次ぐ合戦の具体的な状況、さらには敗死後の将門亡魂の行方まで、その詳細を知ることができる貴重な文学作品『将門記』のあらすじを作者の執筆意図を推し量りながら紹介した。というのも、そこにはいくつもの将門伝説の芽が見出せるからである。続く「伝説の中の将門」の前半部ではそうした将門伝説の源としての『将門記』の中から、たとえば次のような将門伝説が生まれてきたとした。すなわち畿内を中心とする将門の死を神仏の下す罰とみなす調伏《ちょうぶく》伝説、反対に東国における将門を調伏した高僧が悪道に堕ちたなどという将門びいきの話、同じく将門に親近感をもつ側からの将門の娘如蔵尼《にょぞうに》の話に代表される将門子孫伝説などである。そして如蔵尼の話からうかがわれる将門の復権は、中世に入ると東国武士団による先祖としての将門の取り込みをうながすことになったとし、なかでも将門の叔父（『源平闘諍録』では伯父）でありながら養子となったという平良文《たいらのよしぶみ》の系譜をひく秩父流平氏の江戸氏に注目した。同氏が将門信仰を江戸の地へもたらしたと考えたからである。さらに近世後期の江戸の地誌に載せられている「浅草日輪寺書上」によりながら、中世の江戸郷柴崎村（現、千代田区大手町付近）の将門墳墓（首塚）の祟り・鎮魂から説明される近世江戸の総鎮守神田明神の草創について検討した。

「伝説の中の将門」の後半部では、先にもとりあげた『将門記』中の新皇即位記事について、鎌倉時代の公家の日記『玉葉《ぎょくよう》』にみえるやはり即位関係記事との相違点――即位場面における菅原道真《すがわらのみちざね》霊魂の有無――に着目し、それぞれの記事の意味を考えた。続いてこれも前半部で述べた中世の江戸郷柴崎村における将門伝説について、たとえばそこにみえる「墳墓の荒廃→祟りの発生」を鎌倉期の大飢饉と結びつけて考えるなど、より詳細に論じた。

将門伝説の変貌と継承

庶民に愛好される文芸作品が数多く生み出されるようになった近世においては、将門伝説もまた大きく変化した。中世以来の話が拡大・誇張されるとともに、新たな虚構が創り出され、さらには伝奇的傾向も強められていったのである。「近世文芸の中の将門伝説」前半部ではこのような特色を具体的にみていくため、まず一七世紀後半に成立し、その後における将門伝説の文芸化に大きな影響を与えたとされる『前太平記』を取りあげた。そしてそこでは、たとえば完成した壮麗な内裏《だいり》＝王城の様子をはじめ、『将門記』から大きく離れた新たな虚構が創出されていること、また古くは別々に語られていた将門遺児の如蔵尼・良門《よしかど》を姉弟の物語とし、出家を勧める姉をふり切って父将門の敵《かたき》を討とうとする弟の怨念が前面に押し出されていることなどに注目した。なお『前太平記』が、このように虚構の世界を描きながらも、何らかの歴史的事実をもとに、いかにもそれらしく巧みに話を創出していることもあって、各地の地誌類に取り入れられていったことについても、その重要な特色として指摘しておいた。『前太平記』に続いて同書の如蔵尼・良門姉弟の話によりながら、とくに姉に関して新たに強烈な人物像＝戦う女性滝夜叉姫《たきやしゃひめ》を創り出し、また筑波山《つくばさん》の大蝦蟇《がま》の精霊を登場させるなどして伝奇的傾向をいっそう強めた山東京伝《さんとうきょうでん》の読本《よみほん》『善知安方忠義伝《うとうやすかたちゅうぎでん》』を紹介した。そのさい、滝夜叉姫の話が文芸世界にとどまることなく、在地における将門子孫伝説の一つの形として拡まっていったことも述べ、その理由についての仮説も示しておいた。

右のような近世文芸の世界における新たな将門伝説の傾向に対して、史実と俗説とは明確に区別されなければならないとの立場から、厳しい将門伝説批判を行なったのが、曲亭（滝沢）馬琴の『昔語質屋庫《むかしがたりしちやのくら》』である。「近世文芸の中の将門伝説」後半部では、まず同書によって、将門が「平親王」とも称したという話に対する疑問からはじめて、馬琴があげた六点の疑問とその考証を追い、とくに馬琴の批判の主たる根拠が『将門記』にあったことに注目した。さらに続いて百姓一揆の指導者として著名な下総の佐倉惣五郎をモデルにした、幕末江戸における歌舞伎「東山桜荘子《ひがしやまさくらそうし》」の上演にさいして、神田明神の祭神将門が一役買ったという話を紹介した。幕末江戸の情報記録『藤岡屋日記《ふじおかやにっき》』によると、この時、祭神将門は惣五郎のことを「万民のために命を投げだしたわが子孫」と述べたというが、そこからは、まさに民衆の側に立ち、民衆の共感を呼ぶ将門のイメージが惣五郎を通して、しっかり継承されていることがうかがわれることを指摘した。

近代の将門

最終章にあたる「叛臣将門とその復権運動」では近代＝明治期における将門の評価をめぐっての動向を取りあげた。すなわち、まず明治初期における将門を国史上ただ一人皇位をうかがった賊臣とみなす、いわゆる叛臣論の高まりについて、著名な将門霊神が神田神社（明神）の祭神から降格された問題を通して追い、次に明治後期ではこうした将門＝叛臣論が冤罪《えんざい》であるとする織田完之の将門雪冤運動に注目した。とくに後期の織田の雪冤運動については、そのさいの有力な武器となった『将門記』と『平将門故蹟考』のうち、後世における将門故跡・伝説の発掘・研究の先駆的役割を果たしたことをはじめとする『故蹟考』の意義を述べ、また織田をそうした将門雪冤に駆りたたせた理由を、織田の人生をたどることによって考えた。なお『故蹟考』の意義の一つとして、織田による大手町の将門塚保存運動や同書刊行以後、鎌倉時代以来の将門墳墓の祟りが再び人々の話題にのぼるようになったこともあげておいた。

人物伝説に託される人びとの思い

本書は先にも述べたように、平将門の乱後まもない時期から近代に至るまでの、豊かな将門伝説の一端にでも触れようとしたものにすぎない。しかしそれでも、実際に将門伝説の流れをたどってきたことにより、将門にまつわる話を生み出し語り伝えていったそれぞれの時代・社会・地域、さらには人々の思い・意識の幾分かをうかがい知りえたのではないかと思っている。そしてまた、それこそが人物伝承を探り、考えることの意味ではないかと思われるが、この点で思い起こされるものに、一二世紀後半、全国的規模で展開された治承《じしょう》・寿永《じゅえい》の内乱を、平清盛とその一門の盛衰の物語として描いた軍記文学『平家物語』の著名な序章のうちにみえる、「まぢかくは、六波羅の入道前太政大臣平朝臣清盛公と申し人のありさま、伝承《つたえうけたまわ》るこそ、心も詞《ことば》も及ばれね」（日本古典文学大系『平家物語』岩波書店、一九五九年）という一節がある。これから語ろうとしている想像を絶する有様で、形容しようにも言葉が見出せないほどの清盛公の話というのは、これまで「伝承《つたえうけたまわ》」ってきた話なのだと述べているわけだが、と同時にその清盛の話が決して一様には語れず、また確定されるものではないことも示されているからである――それは、その後も時代・地域を越えて多様な清盛伝説が語られていることからもうかがわれる――。

このように人物伝説は、その背後で時代・社会・地域・人々の思いなどと深く関わっているものであるが、織田完之が（幸田露伴も同様）将門伝説を将門雪冤の武器としたことが物語っているように、政治的判断などにより当然の史実とみなされていたことに対して、再検討をうながす力を持っていたことも忘れてはならないと思われるのである。

あとがき

私と将門伝説との本格的なつきあいは、一九八七年（昭和六二）、当時の勤務先東京都立忍岡高校で始まった公開講座において、「将門伝承はなぜ生まれたか」をテーマに取り上げた時から始まる。

早稲田大学大学院在学中、数人の友人たちと『将門記』の輪読会をもち、その後、『将門記』に関する論文なども発表していた私にとって、台東区にある高校現場で地域の歴史を語るのに、将門伝説は恰好な素材であった。高校の近くには将門の首が飛び越えたという伝えをもつ鳥越《とりごえ》神社が、また少し足をのばせば本書でも詳しく述べた著名な神田明神（神田神社）が鎮座し、さらにはJR・東京メトロ秋葉原駅周辺の通学路では、隔年五月実施の神田祭の雰囲気も楽しむことができたからである。このため着任当初から将門の乱と関わらせながら将門にまつわる話も紹介していたが、意識的に取り組む契機になったのは、やはり地域の人々に向けての公開講座であった。

以来、将門伝説は私にとって高校、一九九二年（平成四）から出講するようになった大学、あるいは各地域における市民講座などでの必須の題材となった。拙い話に耳を傾けていただいた都立忍岡・墨田川・台東商業・三田高校の生徒の皆さん、専修・千葉・拓殖大学の学生の皆さん、さらには台東・葛飾・大田の各区、調布市など各地域の市民講座の受講生の皆さん、有難うございました。

これまで述べてきたことからもおわかりいただけるように、将門伝説は私の主たる研究対象の一つであるとともに、歴史教育・生涯教育の場での大切な題材の一つであった（参考文献の欄のうち、拙著・拙稿の項参照）。それゆえ本書は両者の相互交流というか、往復運動の産物といった性格をもっており、読者の方々にはこのような観点からもお読みいただけると幸いである。

いま一つ本書執筆にあたり、とくに意図したことをあげると、それは、長い歳月、先学の努力によって積み重ねられてきた将門伝説研究の成果を受け継ぎ、次代へと伝えていくことであった。しかし、将門伝説の具体的な担い手（たとえば伝播者）などの問題をはじめ、多くの課題を残すこととなった。この点に関して思い出されるものに、司馬遼太郎の「洪庵のたいまつ」という短い作品がある（『十六の話』中公文庫、一九九七年）。この作品は小学校五年生の国語教科書（大阪書籍）に掲載されたものだが、とくに末尾付近の「洪庵は、自分の恩師たちから引きついだたいまつの火を、よりいっそう大きくした人であった」という文章は印象深い。本書も書きはじめた頃は、先学のたいまつを少しでも移し続けることになればと願っていたものの、結果的にはかえって火を乏しくしてしまった気がしてならない。とはいえ、本書執筆の意図の一つがそこにあったことだけでもご了解いただけると、これまた幸いである。

最後になったが、本書刊行に至るまで、言葉では言い尽くせないほどお世話になった吉川弘文館編集部の一寸木紀夫氏、並木隆氏のお二人に心から御礼を申しあげたいと思う。とくに一寸木氏には、早くにお話を頂戴しながら少しも執筆を開始しない私のため、二年前あたりから、ご多忙の身であるにもかかわらず、毎月一度の面会日（原稿提出日？）なるものを設けていただいたことは忘れられない思い出である。この面会日がなければ本書が陽の目をみなかったことは確実である。

二〇一五年四月

厳しい寒さに耐え、転居以来三度目の春を迎えた信州塩尻にて

樋　口　州　男

参考文献

本書で依拠した史料および先行研究は、その都度、本文中で紹介している。また関係史料についてはとくにことわらないかぎり、財団法人千葉県史料研究財団編『千葉県の歴史　資料編・古代』(千葉県、一九九六年)、岩井市史編さん委員会編『平将門資料集・付藤原純友資料』(新人物往来社、一九九六年)、林陸朗校注『将門記』(現代思潮社、一九七五年)を参照したこと、テキストとしては柳瀬喜代志・矢代和夫・松林靖明校注・訳『将門記』(新編日本古典文学全集『将門記・陸奥話記・保元物語・平治物語』小学館、二〇〇二年)を用いたことも本文中で記したとおりである。それゆえここでは本書全体に関わる主要な参考文献として、以下のものを掲げるにとどめたいと思う。

・梶原正昭・矢代和夫『将門伝説―民衆の心に生きる英雄―』(新読書社、一九六六年。一九七五年新版刊行)
・稲葉嶽男『関東中心平将門伝説の旅』上・下(私家版、一九八七・九三年)
・福田豊彦『平将門の乱』(岩波書店、一九八一年)、同『将門伝説の形成』(大隅和雄編『鎌倉時代文化伝播の研究』吉川弘文館、一九九三年)
・村上春樹『平将門伝説』(汲古書院、二〇〇一年)、同『平将門―調査と研究―』(汲古書院、二〇〇七年)

・川尻秋生『古代東国史の基礎的研究』（塙書房、二〇〇三年）、同『戦争の日本史4 平将門の乱』（吉川弘文館、二〇〇七年）、同編『将門記を読む』（吉川弘文館、二〇〇九年）

・千葉県立大利根博物館・同関宿城博物館共同企画展図録『英雄・怨霊平将門—史実と伝説の系譜—』（大利根博物館友の会、二〇〇三年）

なお筆者がこれまで発表したもののうち、本書のもとになった著書・論考を掲げると以下のとおりである。

・「将門伝説と神田明神」（『全歴研紀要』二五集、一九八九年）

・「東国における将門伝承の成立」（日本民俗学会編『民俗学と学校教育』名著出版、一九八九年）

・『中世の史実と伝承』（東京堂出版、一九九一年）

・「将門伝承はなぜ生まれたか」（島正之編『下町の自然・歴史・文学—ある都立高校の公開講座—』名著出版、一九九一年）

・「語り継ぐ民—中世江戸の伝承世界—」（佐藤和彦編『中世の民衆』東京堂出版、一九九七年）

・「将門伝説」（財団法人千葉県史料研究財団編『千葉県の歴史』通史編・古代2（千葉県、二〇〇一年）

・『日本中世の伝承世界』（校倉書房、二〇〇五年）

・「歴史教育の舞台（続）—台東区と平将門・佐倉惣五郎—」（東京都立台東商業高等学校『全日制閉課程記念誌』、二〇〇七年）

・「伝承のなかの将門」(前掲川尻秋生編『将門記を読む』)
・「中世江戸の将門伝説再考」(『時衆文化』二〇号、二〇〇九年)

著者紹介

一九四五年生まれ、山口県出身
一九七六年、早稲田大学大学院文学研究科博士課程単位取得、博士（文学）
現在、拓殖大学政経学部非常勤講師

主要著書
『中世の史実と伝承』（東京堂出版、一九九一年）
『日本中世の伝承世界』（校倉書房、二〇〇五年）
『武者の世の生と死』（新人物往来社、二〇〇八年）

歴史文化ライブラリー
407

将門伝説の歴史

二〇一五年（平成二十七）八月一日　第一刷発行

著者　樋《ひ》口《ぐち》州《くに》男《お》
発行者　吉川道郎
発行所　株式会社　吉川弘文館
東京都文京区本郷七丁目二番八号
郵便番号一一三—〇〇三三
電話〇三—三八一三—九一五一〈代表〉
振替口座〇〇一〇〇—五—二四四
http://www.yoshikawa-k.co.jp/
印刷＝株式会社 平文社
製本＝ナショナル製本協同組合
装幀＝清水良洋・李生美

ISBN978-4-642-05807-0

歴史文化ライブラリー

1996. 10

刊行のことば

現今の日本および国際社会は、さまざまな面で大変動の時代を迎えておりますが、近づきつつある二十一世紀は人類史の到達点として、物質的な繁栄のみならず文化や自然・社会環境を謳歌できる平和な社会でなければなりません。しかしながら高度成長・技術革新にともなう急激な変貌は「自己本位な刹那主義」の風潮を生みだし、先人が築いてきた歴史や文化に学ぶ余裕もなく、いまだ明るい人類の将来が展望できていないようにも見えます。このような状況を踏まえ、よりよい二十一世紀社会を築くために、人類誕生から現在に至る「人類の遺産・教訓」としてのあらゆる分野の歴史と文化を「歴史文化ライブラリー」として刊行することといたしました。

小社は、安政四年（一八五七）の創業以来、一貫して歴史学を中心とした専門出版社として書籍を刊行しつづけてまいりました。その経験を生かし、学問成果にもとづいた本叢書を刊行し社会的要請に応えて行きたいと考えております。

現代は、マスメディアが発達した高度情報化社会といわれますが、私どもはあくまでも活字を主体とした出版こそ、ものの本質を考える基礎と信じ、本叢書をとおして社会に訴えてまいりたいと思います。これから生まれでる一冊一冊が、それぞれの読者を知的冒険の旅へと誘い、希望に満ちた人類の未来を構築する糧となれば幸いです。

吉川弘文館

歴史文化ライブラリー

文化史・誌

楽園の図像 海獣葡萄鏡の誕生――石渡美江
毘沙門天像の誕生 シルクロードの東西文化交流――田辺勝美
世界文化遺産 法隆寺――高田良信
落書きに歴史をよむ――三上喜孝
密教の思想――立川武蔵
霊場の思想――佐藤弘夫
四国遍路 さまざまな祈りの世界――星野英紀・浅川泰宏
跋扈《ばっこ》する怨霊 祟りと鎮魂の日本史――山田雄司
将門伝説の歴史――樋口州男
藤原鎌足、時空をかける 変身と再生の日本史――黒田 智
変貌する清盛 『平家物語』を書きかえる――樋口大祐
鎌倉 古寺を歩く 宗教都市の風景――松尾剛次
鎌倉大仏の謎――塩澤寛樹
日本禅宗の伝説と歴史――中尾良信
水墨画にあそぶ 禅僧たちの風雅――高橋範子
日本人の他界観――久野 昭
観音浄土に船出した人びと 熊野と補陀落渡海――根井 浄
浦島太郎の日本史――三舟隆之
宗教社会史の構想 真宗門徒の信仰と生活――有元正雄
読経の世界 能読の誕生――清水眞澄
戒名のはなし――藤井正雄
墓と葬送のゆくえ――森 謙二
仏画の見かた 描かれた仏たち――中野照男
ほとけを造った人びと 止利仏師から運慶・快慶まで――根立研介
〈日本美術〉の発見 岡倉天心がめざしたもの――吉田千鶴子
祇園祭 祝祭の京都――川嶋將生
茶の湯の文化史 近世の茶人たち――谷端昭夫
海を渡った陶磁器――大橋康二
時代劇と風俗考証 やさしい有職故実入門――二木謙一
歌舞伎の源流――諏訪春雄
歌舞伎と人形浄瑠璃――田口章子
落語の博物誌 江戸の文化を読む――岩崎均史
大江戸飼い鳥草紙 江戸のペットブーム――細川博昭
神社の本殿 建築にみる神の空間――三浦正幸
古建築修復に生きる 屋根職人の世界――原田多加司
大工道具の文明史 日本・中国・ヨーロッパの建築技術――渡邉 晶
苗字と名前の歴史――坂田 聡
日本人の姓・苗字・名前 人名に刻まれた歴史――大藤 修
読みにくい名前はなぜ増えたか――佐藤 稔
数え方の日本史――三保忠夫
大相撲行司の世界――根間弘海

歴史文化ライブラリー

武道の誕生——井上 俊
日本料理の歴史——熊倉功夫
吉兆 湯木貞一 料理の道——末廣幸代
アイヌ文化誌ノート——佐々木利和
宮本武蔵の読まれ方——櫻井良樹
流行歌の誕生「カチューシャの唄」とその時代——永嶺重敏
話し言葉の日本史——野村剛史
日本語はだれのものか——川口 良・角田史幸
「国語」という呪縛 国語から日本語へ、そして〇〇語へ——川口 良・角田史幸
柳宗悦と民藝の現在——松井 健
遊牧という文化 移動の生活戦略——松井 健
薬と日本人——山崎幹夫
マザーグースと日本人——鷲津名都江
金属が語る日本史 銭貨・日本刀・鉄炮——齋藤 努
バイオロジー事始 異文化と出会った明治人たち——鈴木善次
ヒトとミミズの生活誌——中村方子
書物に魅せられた英国人 フランク・ホーレーと日本文化——横山 學
災害復興の日本史——安田政彦
夏が来なかった時代 歴史を動かした気候変動——桜井邦朋

民俗学・人類学

日本人の誕生 人類はるかなる旅——埴原和郎
倭人への道 人骨の謎を追って——中橋孝博
神々の原像 祭祀の小宇宙——新谷尚紀
女人禁制——鈴木正崇
民俗都市の人びと——倉石忠彦
鬼の復権——萩原秀三郎
海の生活誌 半島と島の暮らし——山口 徹
山の民俗誌——湯川洋司
雑穀を旅する——増田昭子
川は誰のものか 人と環境の民俗学——菅 豊
名づけの民俗学 地名・人名はどう命名されてきたか——田中宣一
番と衆 日本社会の東と西——福田アジオ
記憶すること・記録すること 聞き書き論ノート——香月洋一郎
番茶と日本人——中村羊一郎
踊りの宇宙 日本の民族芸能——三隅治雄
日本の祭りを読み解く——真野俊和
柳田国男 その生涯と思想——川田 稔
海のモンゴロイド ポリネシア人の祖先をもとめて——片山一道

考古学

農耕の起源を探る イネの来た道——宮本一夫
O脚だったかもしれない縄文人 人骨は語る——谷畑美帆
老人と子供の考古学——山田康弘

歴史文化ライブラリー

歴史文化ライブラリー

山城国一揆と戦国社会 ―― 川岡　勉
一休とは何か ―― 今泉淑夫
中世武士の城 ―― 齋藤慎一
武田信玄 ―― 平山　優
歴史の旅　武田信玄を歩く ―― 秋山　敬
武田信玄像の謎 ―― 藤本正行
戦国大名の危機管理 ―― 黒田基樹
戦乱の中の情報伝達 使者がつなぐ中世京都と在地 ―― 酒井紀美
戦国時代の足利将軍 ―― 山田康弘
名前と権力の中世史 室町将軍の朝廷戦略 ―― 水野智之
戦国貴族の生き残り戦略 ―― 岡野友彦
戦国を生きた公家の妻たち ―― 後藤みち子
鉄砲と戦国合戦 ―― 宇田川武久
検証　長篠合戦 ―― 平山　優
よみがえる安土城 ―― 木戸雅寿
検証　本能寺の変 ―― 谷口克広
加藤清正 朝鮮侵略の実像 ―― 北島万次
北政所と淀殿 豊臣家を守ろうとした妻たち ―― 小和田哲男
豊臣秀頼 ―― 福田千鶴
偽りの外交使節 室町時代の日朝関係 ―― 橋本　雄
朝鮮人のみた中世日本 ―― 関　周一
ザビエルの同伴者　アンジロー 戦国時代の国際人 ―― 岸野　久
海賊たちの中世 ―― 金谷匡人
中世　瀬戸内海の旅人たち ―― 山内　譲
天下統一とシルバーラッシュ 銀と戦国の流通革命 ―― 本多博之

近世史

神君家康の誕生 東照宮と権現様 ―― 曽根原　理
江戸の政権交代と武家屋敷 ―― 岩本　馨
江戸御留守居役 近世の外交官 ―― 笠谷和比古
検証　島原天草一揆 ―― 大橋幸泰
隠居大名の江戸暮らし 年中行事と食生活 ―― 江後迪子
大名行列を解剖する 江戸の人材派遣 ―― 根岸茂夫
江戸大名の本家と分家 ―― 野口朋隆
赤穂浪士の実像 ―― 谷口眞子
〈甲賀忍者〉の実像 ―― 藤田和敏
江戸の武家名鑑 武鑑と出版競争 ―― 藤實久美子
武士という身分 城下町萩の大名家臣団 ―― 森下　徹
武士の奉公　本音と建前 江戸時代の出世と処世術 ―― 高野信治
宮中のシェフ、鶴をさばく 江戸時代の朝廷と庖丁道 ―― 西村慎太郎
馬と人の江戸時代 ―― 兼平賢治
江戸時代の孝行者 「孝義録」の世界 ―― 菅野則子
死者のはたらきと江戸時代 遺訓・家訓・辞世 ―― 深谷克己

歴史文化ライブラリー

近世の百姓世界——白川部達夫
江戸の寺社めぐり 鎌倉・江ノ島・お伊勢さん——原 淳一郎
宿場の日本史 街道に生きる——宇佐美ミサ子
〈身売り〉の日本史 人身売買から年季奉公へ——下重 清
江戸の捨て子たち その肖像——沢山美果子
歴史人口学で読む江戸日本——浜野 潔
それでも江戸は鎖国だったのか オランダ宿 日本橋長崎屋——片桐一男
江戸の文人サロン 知識人と芸術家たち——揖斐 高
北斎の謎を解く 生活・芸術・信仰——諏訪春雄
江戸と上方 人・モノ・カネ・情報——林 玲子
エトロフ島 つくられた国境——菊池勇夫
災害都市江戸と地下室——小沢詠美子
浅間山大噴火——渡辺尚志
アスファルトの下の江戸 住まいと暮らし——寺島孝一
江戸時代の医師修業 学問・学統・遊学——海原 亮
江戸の流行り病 麻疹騒動はなぜ起こったのか——鈴木則子
江戸幕府の日本地図 国絵図・城絵図・日本図——川村博忠
江戸城が消えていく 『江戸名所図会』の到達点——千葉正樹
都市図の系譜と江戸——小澤 弘
江戸の地図屋さん 販売競争の舞台裏——俵 元昭
近世の仏教 華ひらく思想と文化——末木文美士
江戸時代の遊行聖——圭室文雄
幕末民衆文化異聞 真宗門徒の四季——奈倉哲三
江戸の風刺画——南 和男
幕末維新の風刺画——南 和男
ある文人代官の幕末日記 林鶴梁の日常——保田晴男
幕末の世直し 万人の戦争状態——須田 努
幕末の海防戦略 異国船を隔離せよ——上白石 実
江戸の海外情報ネットワーク——岩下哲典
黒船がやってきた 幕末の情報ネットワーク——岩田みゆき
幕末日本と対外戦争の危機 下関戦争の舞台裏——保谷 徹

各冊一七〇〇円〜一九〇〇円(いずれも税別)
▽残部僅少の書目も掲載してあります。品切の節はご容赦下さい。